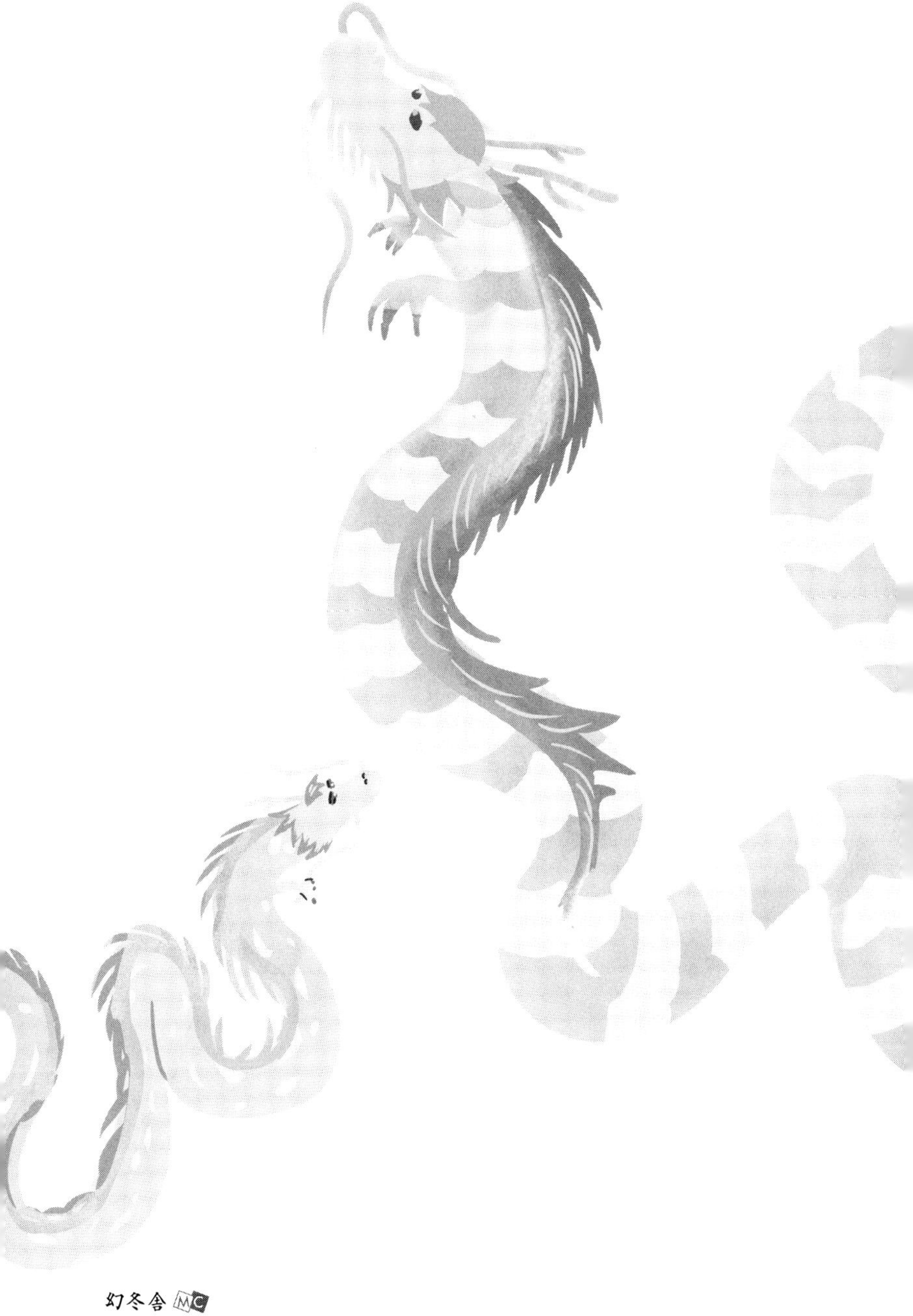

幻冬舎MC

金運、仕事運、対人運を上げる

あなたの龍神様に愛される生き方

はじめに

給料は一向に上がらないし、お金もなかなか貯まらない。
仕事も本当にやりたいことではないけれど、生活していくためと言い聞かせて毎日あくせく働き、職場の面倒な人付き合いもこなしていく……。

「私の人生、これでいいのだろうか？」

多くの人にとってお金や仕事、人付き合いの悩みは尽きることがありません。
それらの悩みを解消するために家族や友人に相談したり、趣味やスポーツに打ち込んでリフレッシュしようとしたりするものの、それでもなかなかすっきりしない人もいるのではないでしょうか。

そんなとき、頼りになる存在が宇宙エネルギーの源である龍神様なのです。

龍神様は日本では古くから「水の神様」として祀《まつ》られてきました。稲作で水と関わることが多かった日本人にとって、龍神様は身近で頼りになる存在でした。神社に行ったときに、手水舎《ちょうずや》に龍が装飾されていたり、社に龍が彫られていたりするのを見たことがあると思います。木で造られた神社を火から守るために、水の神様である龍神様を彫ったのです。

そんな龍神様を厚く信仰している人は少なくありません。過去をさかのぼれば、天皇をはじめとして武将や政治家が龍神様を信仰し歴史を動かしたこともありました。また、経営者が龍神様の力を借りて大成功を収めたこともあります。

しかし、龍神様をひたすら信じて祈りさえすれば、悩みが解消されたり、願いがかなったりするわけではありません。単なる他力本願の人に、龍神様が力を貸すことはないのです。

龍神様は人間を成長させるために地上にやってきているので、努力し成長しようとしている人にしか、寄り添うことをしませんし、愛情を注ぐこともありません。人間が頑張っているのを静かに見守り、力を貸してくれるのです。そして龍神様を味方につけることによって、自分の思いどおりの結果を手に入れ、時には自分の想像をはるかに超えるような成果を出すことができるのです。

この本では龍神様に愛され、応援してもらうためにはどうすればよいのかを解説していきます。

龍神様に愛される生き方をすれば、お金や仕事、人間関係の悩みが解消されるだけでなく、幸せや成功を手にすることができるのです。

この本との出会いを通してあなたの人生が好転すれば、私にとってこんなにうれしいことはありません。

もくじ

はじめに　2

第1章
お金がない、仕事がつらい、人間関係がうまくいかない……
閉塞感が覆う日本社会で生きづらさを感じている人たち

こんなにヤバい！　今の日本の現実　14
給料の上がらない貧乏国日本　17
年収1000万円は高給取りなのか？　18
国民の半数以上の世帯が「生活が苦しい！」　22
少子化に歯止めがかからない日本　27
これからもますます続く大増税　29

世界はもう変わり始めている　31

第2章 金運、仕事運、対人運……あなたの身近にいる龍神様が与えてくれるもの

あなたの本当の力を発揮させる〝ほかの「もの」の力〟とは　38
あなたも感じたことがあるかもしれない龍神様の存在　42
経営の神様も信仰していた龍神様　45
金運、仕事運、人間関係の運……人を幸せにする龍の力とは　47
運は鍛えられる　51
誰でもできる最も簡単な開運法　53
運気の上がる言葉「自分力龍如爆上®」　56
龍神様に守られる人の特徴と行動　57
龍神様に会いに行ってみよう～日本全国にある龍神様がいる神社～　61

龍神様が祀《まつ》られている神社リスト　64
◎戸隠神社　64
◎神田明神　66
◎貴船神社　68
◎車折神社　70
◎椿大神社　71
◎玉置神社　73
◎神龍八大龍王神社　75
◎田無神社　76
◎伏見稲荷大社　78

第3章　素直、感謝、思いやり……必要なのは「自分力」磨き
龍神様に愛されるための心得

龍神様に好かれる人、嫌われる人　82
大事なのは「自分力」　85
「自分力」を高める生き方　87
考えるな！　すぐ行動！　89
成功の合言葉を知ろう　94
目標を決めて、宣言しよう　97
龍神様が離れていくマイナス言葉　98
優先順位で人生は劇的に変わる　102
あなたが一生靴下を履かせ続けるようなことはしてはいけない　104
言ってあげるのが愛情、言ってあげないのは非人情　106
「うつわ」を広げて龍神様に好かれよう　108
龍神様は常に感謝している人が大好き　111
笑顔は人を惹きつける力がある　113
笑顔を武器にして飛び込んでみよう　115

笑って笑って笑いまくる　117
龍神様はお金が大好き　119
神社でたくさんのお賽銭を入れる　121
行ったことのないハイブランドショップに入ってみる　123
「うつわ」とは　126
視野を広くもとう　130
「うつわ」を整える　132
龍神様と「潜在意識」のつながり　134
潜在意識の背中を押し続ける　136
いいと思ったら素直に真似してみる　141
たらいの法則　144
みんなを幸せにする　148
当たり前のことを当たり前にする、すごい人にならなくても大丈夫　151
龍神様は諦めない人が好き　153

コミュニケーションが運気上昇のカギ　156

第4章　龍神様の背に乗ってワクワクして今日を生きる

「風の時代」を自由に生きていくために　160
成功は最後の失敗のあとに訪れる　162
あなたは誰とつるんでいますか　167
いるべき場所を見極めよう　169
幸せなお金持ちに会いに行こう　171
たった72時間（3日間）で人生は好転する　173
昔の武将は知っていた「72時間の法則」　175
幸運なときほど謙虚に感謝　176
チャレンジし、守りながら変わろう　178
実は龍神様はあなたのなかにいる　182

【特別編】
龍神様との出会い　184
おわりに　196

第1章

お金がない、仕事がつらい、人間関係がうまくいかない……

閉塞感が覆う日本社会で生きづらさを感じている人たち

こんなにヤバい！　今の日本の現実

今の日本ははっきり言って、とてもヤバい現実に直面している。

新型コロナウイルスの国境を越えた感染拡大、ロシアによるウクライナ侵攻、穀物などの原料価格の高騰を引き金にした世界的なインフレーション、そして為替市場での急激な円安など、世界情勢は激動している。

こんななか、日本は少子高齢化の進行が一向に止まらず、年金問題や老後負担の増大など不安と閉塞感がますます広がっている。

混迷を極める今こそ、あなたの心の支えとして頼りになるのが龍神様なのです。

どんなときも明るくポジティブに取り組み、努力を続ける人を龍神様は応援してくれます。この本が、頑張るあなたのそばにいて静かに見守ってくれている龍神様のことを意識してもらうきっかけになれば幸いです。

まず、今の日本の現状がどれだけヤバいのか、さまざまなデータで示します。

ほんの一昔前まで、日本は経済的に豊かで活力にも富んでおり、海外から日本で働きたい人たちがたくさん希望を抱いてやってくる、そんな豊かな国でした。それがいまや、すでに過去の話になりつつあるのです。

・平均年収が主要先進国35カ国中22位
（OECD〈経済協力開発機構〉「世界の平均賃金データ」2020年）

・生活が苦しいという世帯が半数を超える
（厚生労働省「国民生活基礎調査」2021年）

・子どもの7人に1人が貧困状態
（厚生労働省「国民生活基礎調査」2019年）

・駐在員が住みたい国ランキングで33カ国中32位
（HSBCホールディングス「各国の駐在員が住みたい国ランキング」2019年）

これらはすべて、今の日本の話で、1980年前後に『ジャパン・アズ・ナンバーワン』という本で称賛された時代からすると目を疑いたくなるような話ばかりです。これこそが今の日本の現実なのです。

『ジャパン・アズ・ナンバーワン』は、日本が当時世界で類を見ないような高度経済成長を果たし先進国の仲間入りをした要因を詳しく分析したもので、日本で70万部を超える大ベストセラーとなり、当時の日本人に自信と勇気を与えました。

しかし、著者でハーバード大学教授だったエズラ・ヴォーゲル博士は生前、日本は間もなく没落すると予言していたのです。

博士は、当時の成功者たちが貧しい農家に生まれながら苦学して奨学金を受けて大学を卒業して大成したなどの例を挙げて、日本社会は金持ちでなくても頂点に登りつめることができる柔軟性があったと称賛しました。そののちに学歴・偏差値教育がはびこった結果、そうした柔軟性のある時代が終わり、だんだん金持ちの子どもしかエリートになれない階級社会になって衰退していくだろうと見ていたのです。

これは、まさに現在の日本で起きていることで、2015年以降、両親の学歴が低く、世帯の所得が300万円以下で暮らし向きが貧しい家庭の子どもの学歴は低くなるといった、世帯所得と子どもの学歴には相関関係があると示す学術研究が次々と出されています。

給料の上がらない貧乏国日本

日本人の平均年収は1997年をピークに20年以上、減少傾向にあり、日本がどれほどほかの国から後《おく》れをとっているのかがよく分かります。

2020年のOECDの調査を見ると、1997年の平均年収ランキングで、日本は主要先進国では35カ国中14位にありました。しかし、2020年は22位と大きく順位を下げています。日本の平均年収が大幅に減ったわけでなく、ほかの国の平均年収が上がっているのです。

例えば1位のアメリカは、この約20年の間に平均年収が約5万ドル（日本円で約650万円）から約7万ドル（日本円で約910万円）に大幅に上昇しています（2023年2月現在）。

これに対し国税庁の発表によれば、日本の平均年収は467万円から443万円へと、増えるどころか減っています。

日本の国内総生産（GDP）の金額は世界3位であるにもかかわらず、賃金や生産性が先進国最低レベルとなっているのです。

年収1000万円は高給取りなのか？

日本と海外の先進国との賃金の格差を実感しやすい例として「年収1000万円」

の基準があります。

国税庁の民間給与実態統計調査（2022年）によれば、2021年度の日本の給与所得者で1000万円以上1500万円以下の年収を得ている人は全体の3・5％です。性別では男性は5・4％で、女性はなんと0・8％です。日本で年収1000万〜1500万円を得ているのは、ほんの一握りです。

いまだに、年収1000万円と聞けば高給取りのイメージを抱く人が圧倒的に多いのです。

ところが、海外に目を向けてみると年収1000万円は決して高収入とはいえません。それどころか、もはや低所得層に分類される地域さえあります。

2018年のアメリカ住宅都市開発省の調査では、サンフランシスコ市の年収1400万円の世帯はなんと低所得に分類されました。この話題は日本経済新聞に掲載され、インターネット上を中心に大きな話題となりました。つまり、サンフランシスコ市で年収1000万円は低所得なのです。それでもまだ多くの日本人は年収

１０００万円を高収入の基準として考えています。

日本で年収１０００万円が高収入といわれる背景には、この数十年、物価がそれほど上がらなかったことがあります。日本はほかの国に比べて給料が低いことを実感しにくい環境にありました。これはまさに日本に住む私たち全員が、茹でガエル状態になっているということです。

茹でガエル状態をイメージしてみてください。カエルを水が入ったビーカーに入れ、下から一気にあぶると、カエルはあまりの熱さに驚いて飛び出しますが、水の状態から弱火で少しずつ温度を上げると、カエルは水温が上がってきていることに気づかず、時間が経つうちに茹で上がってしまうのです。

安心・安全で治安もよく、世界のどの国よりも暮らしやすいと思われていた日本は、知らず知らずのうちに毎日の生活や将来に不安を覚えるような、世界から取り残された貧しい国になっていたのです。

そこから飛び出すための方法と考え方をこの本にまとめましたので、ぜひ何度も読

第1章

お金がない、仕事がつらい、人間関係がうまくいかない……
閉塞感が覆う日本社会で生きづらさを感じている人たち

茹でガエル理論とは

一気に水温が上がると驚いて飛び跳ねる

トロトロと水温が上がると茹で上がる

み返してみてください。

国民の半数以上の世帯が「生活が苦しい！」

日本の物価はほかの国に比べてほとんど上がっていません。それでもロシアによるウクライナ侵攻や世界的な悪天候などの影響を受け、食料品や日用品などの価格の高騰が相次ぎ、値上げのニュースが頻繁に報じられるようになりました。２０２２年の「しゅふＪＯＢ総研」の調査で、食料品や光熱費など生活にかかる費用についての実感を尋ねたところ、94・８％が「費用が高くなってきている」と回答しています。

厚生労働省の「２０２１年国民生活基礎調査」によると、生活が「大変苦しい」「やや苦しい」と答えた世帯は半数を超えています。また、朝日新聞が２０２０年末に実施した世論調査ではコロナ禍以降、生活が苦しくなったとの回答が半数を超えま

食料品や光熱費など生活にかかる費用についての調査

食料品や光熱費など、生活にかかる費用について
実感に近いものを教えてください。(単一回答)

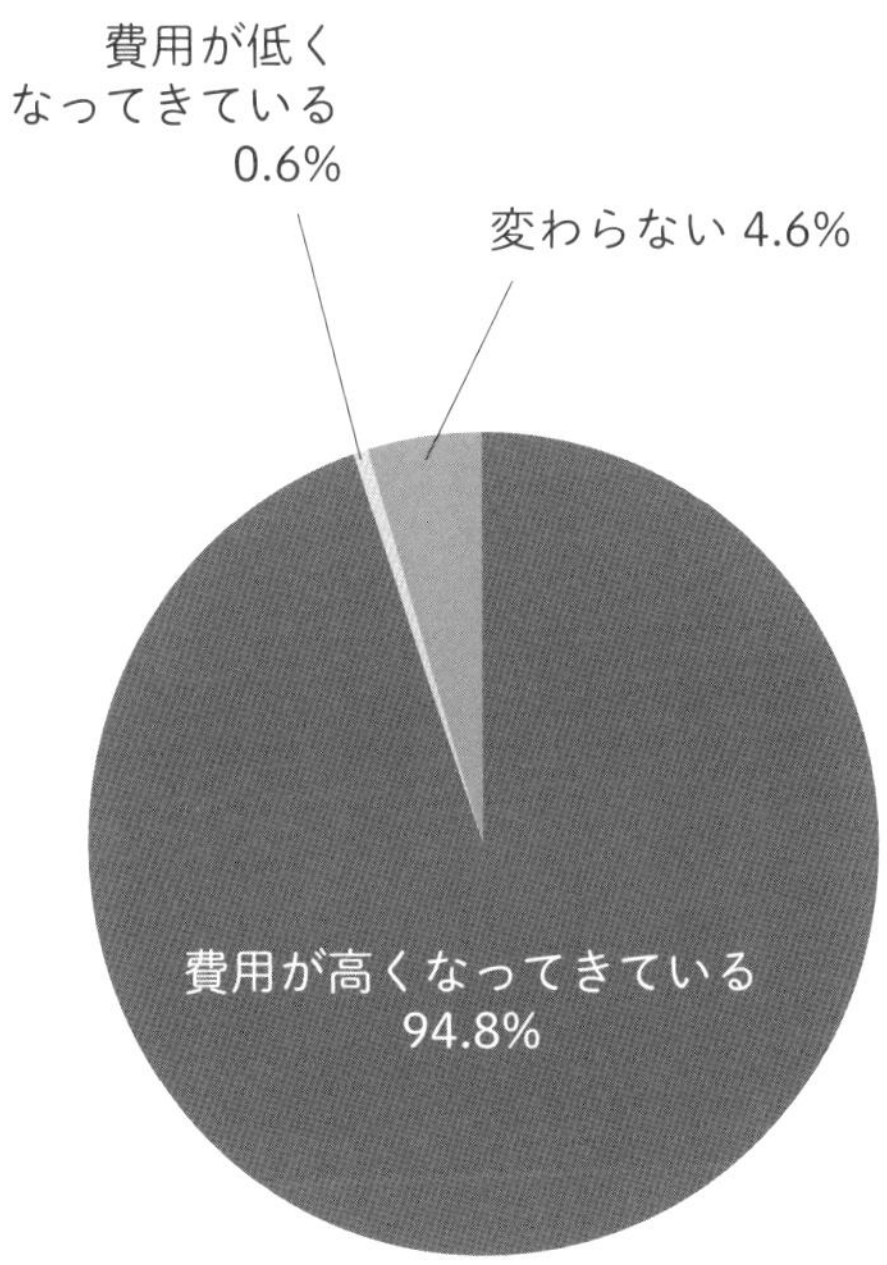

出典：ビースタイル ホールディングス「しゅふJOB総研」2022年

した。コロナ禍で思うように働けず、収入が減ったところに日常生活に欠かせない商品やサービスの値上げが直撃すれば、生活が苦しくなるのは当然です。

私の経営する会社がある栃木県真岡市には大きな工業団地があり、海外からの労働者も多く暮らしています。これまで、海外から働きに来ている人たちはなんらかの事情で一時的に帰国することがあっても、また日本に戻ってくることがほとんどでした。しかし、ここ数年は日本に見切りをつけて帰国していく人が増えてきています。茹でガエル状態になっている日本人よりも、海外の人のほうが日本の低迷を敏感に感じ取っているのだと思います。「各国の駐在員が住みたい国ランキング（2019年）」では日本の総合順位が33カ国中下から2番目の32位なのです！

日本が暮らしやすい国だったのは、もうとっくに過去の話になってしまったのです。

一方、上位を占めるスイス（1位）やシンガポール（2位）は特に賃金が高く、カ

各国の駐在員が住みたい国ランキング

順位	国名
1	スイス
2	シンガポール
3	カナダ
4	スペイン
5	ニュージーランド
6	オーストラリア
7	トルコ
8	ドイツ
9	アラブ首長国連邦
10	ベトナム
11	バーレーン
12	マン島※
13	ポーランド
14	アイルランド
15	香港
16	マレーシア
17	フランス

順位	国名
18	インド
19	ジャージー島※
20	スウェーデン
21	メキシコ
22	タイ
23	米国
24	フィリピン
25	ガーンジー※
26	中国
27	英国
28	イタリア
29	サウジアラビア
30	南アフリカ
31	インドネシア
32	**日本**
33	ブラジル

※英国王室属領
出典：HSBC ホールディングス

ナダ（3位）・スペイン（4位）・ニュージーランド（5位）はワークライフバランス（仕事と生活の調和）の点数が高いのです。

　これらの国のいずれにも共通しているのは教育環境が充実していることです。日本を分野別に見てみると、賃金もワークライフバランスも最下位であるどころか、教育環境も最下位なのです。

　日本が外国人労働力として頼りにしている国の順位を見てみれば、ベトナムは10位、フィリピンは24位、インドネシアは31位で、なんと日本よりも上位なのです。あくまで「駐在員が住みたい国」なので、いわゆる単純労働に就く外国人労働者の感覚と完全に一致するとは限りません。しかし、国民の半数以上の世帯が「生活が苦しい」と感じている国に、海外の労働者が魅力を感じてくれるとは到底思えません。これまで外国人労働者が支えていた部分が人手不足によって回らなくなれば、日本の産業に未来はなく、国全体が衰退していくのは明らかなのです。

少子化に歯止めがかからない日本

2022年の子どもの出生数が、国が統計を開始した1899年以降で初めて80万人を下回ることが、ほぼ確実となりました。

次ページの図表にある合計特殊出生率とは一人の女性が生涯のうちに産む子どもの数の平均のことで、人口を維持するには2・06〜2・07が必要とされています。日本では終戦直後こそ4・0を超えていましたが、団塊世代が20代後半になった1975年に2・0を割り込み、近年は1・3台で推移しています。

各国も先進国を中心に少子化の傾向にありますが、保育関連の政策を手厚くしたスウェーデンなどは日本より高い出生率を保っています。

最悪なのは、人口減少です。今後さらに少子化が進めば、出産可能とされる15歳から49歳までの女性人口が減少します。女性人口が減少すれば、合計特殊出生率が回復傾向にあっても、少子化の進展に歯止めがかからないという〝負のスパイラル〟に陥

出生数、合計特殊出生率の推移

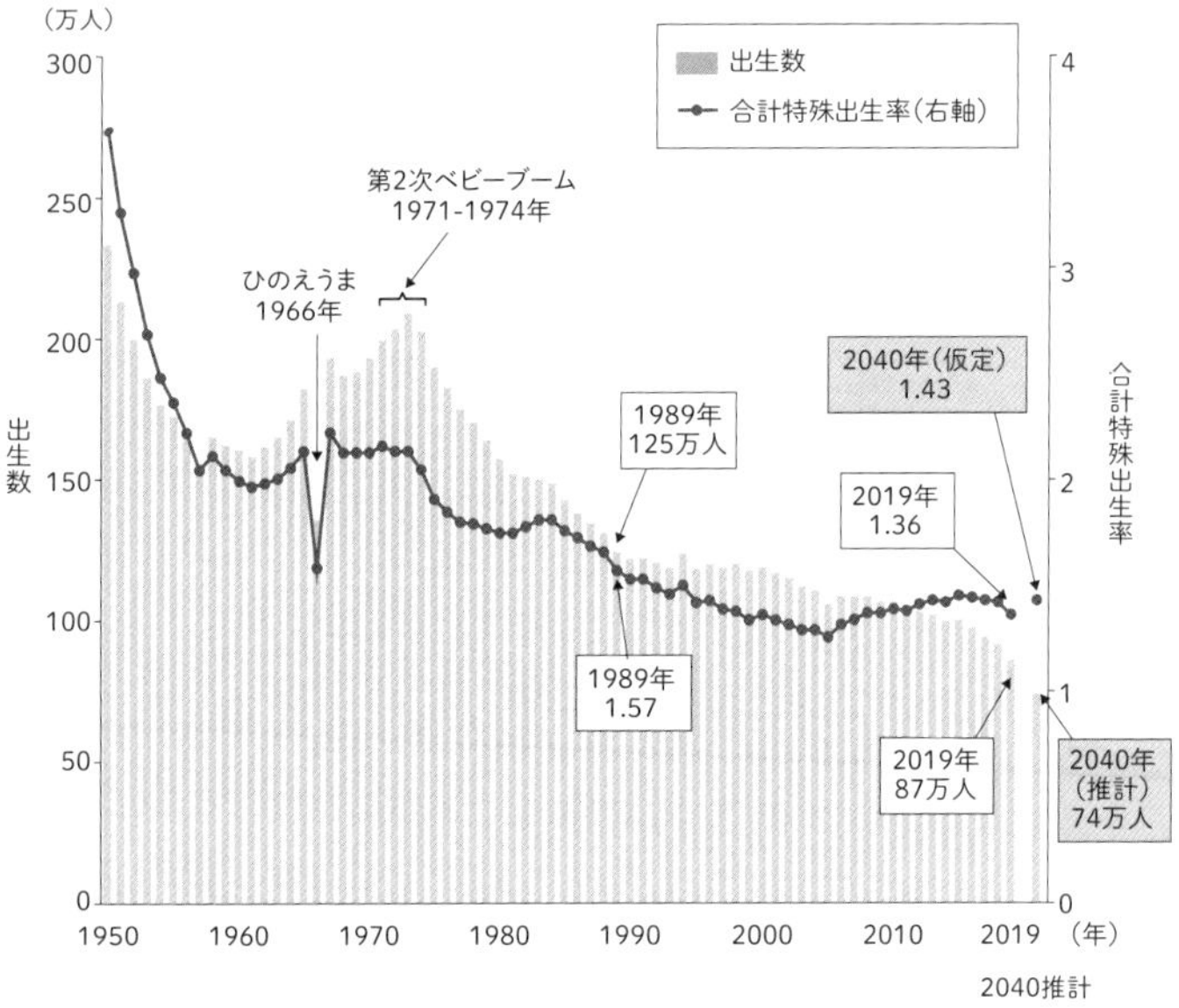

出典：厚生労働省

資料：2019年までは厚生労働省政策統括官付参事官付人口動態・保健社会統計室「人口動態統計」（2019年は概数）、2040年の出生数は国立社会保障・人口問題研究所「日本の将来推計人口（平成29年推計）」における出生中位・死亡中位仮定による推計値。

る、いや、もうすでに陥っているのです。

これからもますます続く大増税

近年、食品や生活雑貨、家電、公共料金など身の回りのさまざまな商品の価格が高騰し、家計の負担が増えました。これらは2022年2月に始まったロシアのウクライナ侵攻などによる原材料の価格高騰や異常気象、急速に進んだ円安など、さまざまな要因が複雑に絡んでおり、また一方で、物価高騰のニュースに隠れがちですが、実は2023年以降、増税だけでなく新しく税金の導入が検討されている項目もたくさんあります。日々の暮らしと密接にかかわる税金だけでなく、老後の支えになる退職金の控除も見直しが検討され、これからも日本国民の負担が増えていくのは間違いないのです。

現在の増税予定項目一覧

項 目	実施時期（予想）
相続税	2023年4月
エコカー減税	2023年4月
退職所得控除見直し	2024年
配属者控除見直し	2024年
たばこ税	2024年
炭素税	2024年
消費税	2024年10月
道路利用税	2025年

まだまだ増税されていきます!!

世界はもう変わり始めている

冒頭から不安な話ばかりをしてしまいましたが、それは私が今のままでは日本が本当にヤバいという現実に、一人でも多くの人が早く気づいてほしいと強く感じているからです。

日本という大船に乗って安全で安心な国だと信じ切って順風満帆の航海を続けていたつもりが、気がついたときには国際競争という荒波のあおりを受けて大海に放り出されて溺れてしまう——そんな日がいつやってきてもおかしくないのです。

こうした国際競争の荒波を生き抜くためにはあなた自身の、「自分力」を高めることが必要なのです。

そして、これから幸せな人生を送るためには、自分一人だけではなく、自分力と

〝ほかの「もの」の力〟を味方につけ、困難な荒波を乗り越えていくしかないのです。

左の図を見てください。自分力とほかの「もの」の力のバランスがそろっていないと、その場で空回りするだけであなたの成功※に前進することができないのです。

そのほかのものとは、人（者）であったり、物であったり、目に見えなくても一つの意味をもった存在などもいいます。その一つが、龍神様なのです。龍神様は古くから日本人のそばにいて、多くの人たちを見守ってくれる存在で、成功を後押ししてきました。

（※ここでいう成功とはあなたの願望などをいいます）


人は気づいたとき、何歳からでも変わることができます。そして、あなたが思っているよりも簡単に変わることができるのです。その方法を知れば、あなたの人生は劇的に変わり、思いどおりの人生を生きることができるのです。

すでに世界は新しい時代に突入している。コロナ禍の影響によって、人々の生活様

自分力とほかの「もの」の力　2つの力が合致して物事が進む

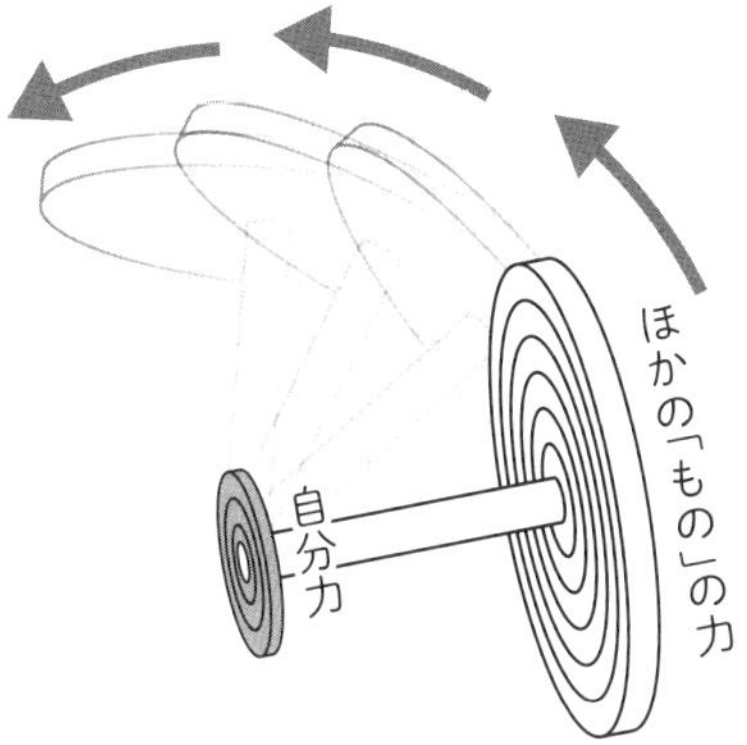

力のバランスが悪いと前進できない

成功（願望の実現など）

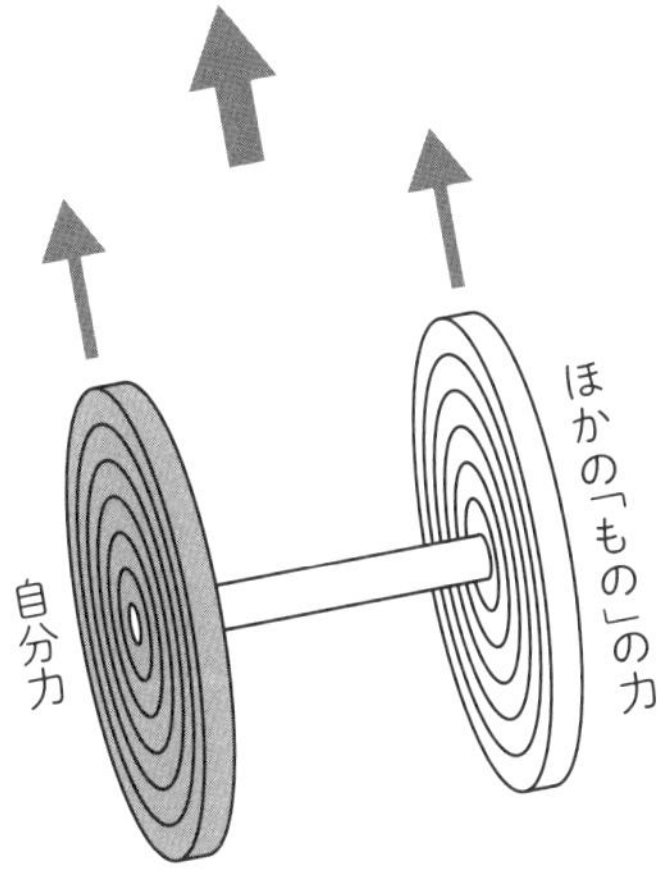

力のバランスがとれているとそれぞれが前進する

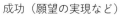

式は変化し、今まで不可能だといわれたことがいくつもできるようになってきています。

例えば、オンライン会議が当たり前になり、日本にいながら海外の人と話せたり、さまざまな会社でリモートワークが進み、働き方が柔軟になったり、働く場所が自由になったりしています。今までの私たちの常識が変わり始めているのです。

西洋占星術によれば、これまで200年続いた「地の時代」が終わり、2020年12月22日から「風の時代」が始まったとされます。「地の時代」には、制限のなかで我慢することが美徳であるとされ、戦後、国の方向性は一元教育で型にはめられ、窮屈な思いをしながら耐えてきた人も多かったのではないでしょうか。これに対し、「風の時代」は自由のなかで自分らしく生きることができるようになるのではないかと思います。

そのためには、自分力を高め、さらにほかの「もの」の力を味方につけ、風の時代の流れに乗って上昇するか、それとも過去のやり方に縛られたまま自分の本領を発揮できずに終わるのか、それを選択し、行動するのはあなた次第なのです。

本当の自分を見つけ、力を発揮するためのヒントをこの本を通して見つけてください。

第2章

金運、仕事運、対人運……

あなたの身近にいる龍神様が与えてくれるもの

あなたの本当の力を発揮させる〝ほかの「もの」の力〟とは

人はいつからでも変わることができる。あなたが変わりたいと思えば、今この瞬間から変わることができるのです。「今まで何度も変わろうとしたけれど、うまくいかなかった」という声も聞こえてきそうです。心のどこかで変わることを怖がっている人もいるのではないでしょうか。

そして、一歩踏み出して新しい自分になろうとしたとき、次のようなことを言ってくる人たちがいます。

「あなたには無理に決まってるよ」
「無理、無理」
「こんな田舎でさー、成功できるわけないじゃん」

「夢みたいなこと言ってないで、もういい加減、歳なんだから現実を見なよ」など

今までの人生を振り返ってみると、そうやって誰かになにかを条件づけられてきた経験があなたにもあるのではないでしょうか。その条件づけはあなた自身の成長に大きな影響を与え続けてきたのです。

今は感謝しかありませんが、実は私自身も親に条件づけをされながら育ちました。両親はともに公務員で、安定していることを一番に考えていました。

いい学校を出て、安定した会社に入れと、事あるごとに言われ、子どもの頃は親の言葉にまったく疑問をもつこともなく大学に進み、両親に言われたとおりに地元の企業に就職しました。

そうやって就職した会社は年功序列で、当時は実力の有無はほとんど関係ありませんでした。出世はほとんど入社年度の順で、どんなに頑張って結果を出しても評価を

受けることはほぼありませんでした。仕事は楽しかったので10年ほど勤めて退職しました。

このままでは終わりたくない……。

私は変わる決断をしました。

変わる決断ができたのは、ある人との出会いがきっかけです。その人は私にとって尊敬すべき師匠（メンター）といえる存在です。私がメンターによって気づかされたのは、自分がそれまで「いい学校を出て、安定した会社に入れ」という両親や環境に条件づけられていたということでした。

条件づけとは、自分の可能性に限界を設けることです。例えば、サーカスの大きなゾウが、細いロープにつながれているとします。ゾウの力を考えると、細いロープなら簡単に逃げ出すこともできるはずなのに逃げ出そうとしません。

なぜ、逃げ出さないのでしょうか？

それは、子ゾウの頃、鎖でつながれて過ごしていて、逃げようとすると鎖が食い込み、血がにじんで逃げ出すことができなかったからです。それを毎日繰り返しているうちに、小さなゾウは「もう逃げられないんだ」と諦めてしまったのです。

そして、体が大きくなり、力も強くなった今でも「ロープにつながれるともう逃げられないんだ」という幼い頃の条件づけの結果、諦めてしまっているのです。

人間でもこれと同じことがいえるのです。

私はメンターとの出会いによってその条件づけの存在に気づき、抜け出すことができました。このとき私はメンターというほかの「もの」の力によって自分を変えることができたのです。私の場合は幸運にも尊敬できるメンターに出会えましたが、すべての人がタイミング良くふさわしいメンターに巡り会えるとは限りません。

そんなとき、すでにあなたの近くには心強い味方がいます。その味方というのは、成長しようとする意欲のある人の力になってくれる頼もしい存在です。それこそが「龍神様」なのです。

あなたも感じたことがあるかもしれない龍神様の存在

龍の伝説は世界中に残されています。もちろん日本も例外ではありません。全国各地に龍神様を祀った神社があります。

龍神様は日本では古くから「水の神様」として祀《まつ》られてきました。神社に行ったときに、手水舎《ちょうずや》（水で手を洗い清めたり口をすすいだりする場所）に龍が装飾されていたり、社に龍が彫られているのを目にしたことがあると思います。神社は木で造られてきたので火事は大敵です。火から社を守るために、水の神様である龍神様を彫ったのです。地域によっては雨乞いとして龍を呼び出す儀式をしていたところもあったようです。稲作をして水との関わりが多かった日本人にとって龍神様は身近で、しかも頼りになる神様だったのです。

あらゆる霊的な存在のなかでも自然にまつわるものは強い力をもっていますが、龍神様はそうした自然霊のなかでも最高位の水の神様なのです。龍神様は人間を成長させるために地上にやって来ているので、成長しようと努力している人に寄り添い、愛情を注ぎます。龍神様を味方につけると、気の流れが変わって運勢が変わります。性別・年齢関係なく、自分の想像をはるかに超えるような成果を出すことができます。成功している実業家や芸能人などは龍神様に守られているのです。龍神様は私たちにとって身近な存在でありながら、歴史を動かしたような偉人はもちろん、朝廷や幕府にも信仰されるような力強い存在なのです。

私の実家には龍を祀った祠《ほこら》があります。幼い頃は特別に意識したことがなかったのですが、いつしかなにか大きな決断をするたびに龍神様の声に耳を傾けるようになりました。会社を創業するとき、会社が危機に見舞われたときや、未来の可能性にかけるとき……。いつも龍神様は背中を押してくれました。決断をするときには龍神様が導いてくれたのです。それは本来自分に備わっていた直感力をパワーアップさせてくれるような感覚です。私は龍神様の存在をビリビリとしたエネルギーとして感じることもあれば、お告げのような言葉として感じることもあります。

人を見守り、助けてくれる龍神様が求めることは、その人が自分の本領を発揮して望んでいる未来を手に入れることです。龍神様はその人が望んでいないものを与えることはしません。そして無理に導くこともしません。龍神様がしてくれるのは後押しするだけなのです。ただ変化を待つのではなく、変化を起こすべく自ら行動したとき、背中を押してくれるのが龍神様なのです。

口では変わりたいと言いながら、自分ではなんの努力もせず、誰かがなんとかしてくれるのを待っているような人には、龍神様は手を差し伸べてはくれません。

人は弱いものです。良い自分と悪い自分がいて、例えば「仕事が山積みだから早めに出社しなきゃ」と考える自分と「しんどいからサボってしまえ」という自分がせめぎ合うこともあります。「しんどいけれども頑張ろう！」と自分を律し、前に進もうとする人に龍神様は喜んで手を差しのべてくれるのです。

経営の神様も信仰していた龍神様

龍神様を信じている有名人は今も昔も数多くいます。有名なのはパナソニックの創業者で経営の神様とも呼ばれた松下幸之助氏です。大阪府門真市のパナソニック本社には今も白龍大明神が祀られ、各地の事業所には約１００の分社があって、幹部や管理職が臨席する月例祭が営まれているといいます。

龍神様とは宇宙エネルギーの源だと私は考えています。一番小さい元素は水素です。宇宙の始まりは水素であり宇宙の約70％は水素元素でできています。龍神様は、自然界において、水を司りながら私たちを見守ってくれる存在なので、水田で稲作をしてきた日本人にとって、水とうまく付き合うことは生きることに直結する問題でした。そんな背景もあって、日本全国に龍神様を敬い、祀る神社が数多く造られてきたのだと思います。

そうでなくても、体の約70％は水でできていて人間にとって水は大切なものです。体の水分がどんどん減ってしまえば、脱水症状になり最悪の場合は死に至ります。

私たちが住んでいる地球も、地表の約70％を海が占めている水の惑星なのです。その水を司っているのですから、龍神様がいかに大切なのかが分かるのではないかと思います。

金運、仕事運、人間関係の運……人を幸せにする龍の力とは

水を司る特徴から、龍神様には次のような力があります。

◎生命力&活力アップ

一つ目は生命力や活力をアップさせる力です。どちらも目に見えない「もの」なので、言葉で説明されてもなかなかピンとこないかと思います。実感するために最も分かりやすい方法は、龍神様の祀られている神社に行ってみることです。私も日本全国のそうした神社を数多く訪れて、参拝しています。するとビリビリとパワーを感じたり、力がみなぎってくる感覚を味わったりすることができます。

参拝する前より参拝したあとのほうが気分がスッキリして元気になっているのに気づくことができれば、あなたも龍神様のエネルギーを受け取ったということです。

私自身が実際に訪れて特に強いエネルギーを感じたのは長野の戸隠神社や京都の貴船神社、そして熊本の神龍八大龍王神社です。ほかにも、たくさんの神社が龍神様を祀っており、いずれも龍神様のエネルギーに満ちている素敵な場所です。

◎自分の殻を外す

二つ目は自由自在に生きていく力を授けてくれるということです。水は自由自在に形を変え、同じ場所や同じ形でとどまることはありません。湧き出した水はせせらぎとなり、時には激流となり、やがて悠々とした大河となって海へと注がれていきます。また、熱すれば水蒸気となり、冷やせば氷となります。これからの時代はライフスタイルも働き方も住む場所も、より柔軟に自分で決められるようになっていきます。自由が大好きな龍神様は、しがらみから自由になって自分らしく生きようとする人を応援してくれます。

◎マイナスのパワーを浄化する

三つ目は邪気を浄化する力です。滝を近くで眺めていたり、清流のそばにたたずんでいたりすると心がすっきりするのを感じた経験はありませんか？　水を司る龍神様は、あなたが過去に心に負った傷やモヤモヤと渦巻く邪気を洗い流してくれます。龍というと力強くてパワフルなイメージがある半面、癒しの存在でもあるのです。

◎豊かさを生み出し金運力アップ

四つ目はお金を呼び込んで豊かさをアップする力です。龍は富の象徴ともされます。

私自身はかつて月収手取り16万円のサラリーマンでしたが、今はおかげさまで会社経営者として世界へ事業を展開しています。そんな自分の人生を通して、お金を呼び込み、さらに豊かさをアップさせてくれる龍神様の強い力を感じています。

水をただ貯め込んで外へ出さないでいると貯め込まれた水はよどんで、やがて腐っていきます。実は富についても同じことがいえるのです。誰かのために差し出したり、積極的に手放したりすることで循環が生まれ、新しいエネルギーとともにさらなる富が舞い込んでくるのです。水の神様である龍神様は、循環のエネルギーをよりパワフルにしてくれるのです。

◎幸運の流れを引き寄せる

五つ目は幸運の流れを引き寄せる力です。龍神様は成長しようとしている人に幸運のチャンスを呼び込みます。成功している人ほど自分は運がいいと言います。「龍の背に乗る」という表現は、龍神様の御加護を受けて人生のステージが上がることを表します。私がほかの「もの」の一つとして龍神様を紹介しているのは、この龍の力にあやかることで自分では思いもよらなかったステージまでたどり着くことができるからなのです。

今、日本はとてもヤバい状態にあります。自分力を磨くことは基本であり、とても大切ですが、どんどん衰退していく日本の国内でなんとかしようとしても、世界の動きには追いつけない可能性があります。そして、この停滞を突き抜けるだけの強いエネルギー、すなわち龍神様のパワーを味方につけることが重要なのです。

運は鍛えられる

運の話になると、私は金運が悪くてお金が貯まらないとか、男運が悪くてなかなか結婚につながらないなどと嘆く人がいます。また、成功した人を見て、あの人は運が良かったから成功できたのだと言う人もいます。

そのとおりです。成功者は運が良いのです。成功者には自ら、私は運が良いと発言する人も少なくありません。決して謙遜《けんそん》ではなく、成功者は心からそう思っているのです。

これまでの人生でうまくいかないことが多かったからといって「私は運が悪いから」と諦める必要はありません。

なぜなら、運は鍛えられるからです。

そして、運を鍛えるには凡事を徹底することなのです。

凡事とは……

・あいさつをきちんとする
・嘘をつかない
・時間を守る
・約束を守る
・礼儀を大切にする
・相手の目を見て話す　など

特別なことは一つもありません。なんでもないような当たり前のことを徹底的にやり続けることを「凡事徹底」といいます。でも、「自分は運が悪い」と嘆く人に限って、こういった凡事をきちんとできていない人が多いのです。

成功している人は、気持ちの良いあいさつで周りを元気にできる人だったり、決して嘘をつかないので絶大なる信頼があります。当たり前といわれることをきちんとできる人の周りには良い人が集まり、龍神様も喜んで背中に乗せてくれるのです。

誰でもできる最も簡単な開運法

凡事徹底することが自分の運を鍛えて龍神様に愛される秘訣《ひけつ》であり、より積極的に龍神様にアピールすることができます。神様だって、自身に対する関心や信仰が高い人のほうに惹きつけられるものなのです。

龍神様を信じていることを示す開運法としては、龍をかたどったアイテムを普段から持つ方法があります。お金持ちの家で龍の置物や絵を目にする機会が多いのは、実は身近に龍の像や絵を置くことが運気をアップさせるのに効果的だと知っているからです。自分の直感に従って、ピンときた龍のアイテムを選び、リビングや自分の部屋など目につく場所に置くのがベストです。私の家も会社も龍だらけです。

目立つ場所に龍のアイテムを置くのに抵抗がある人は、カードサイズのものを携帯するのも一つの手です。

私も龍の力を込めたパワーカードを自分で作って持ち歩いています。このカードは、ある日、まさに雷にでも打たれたかのようにインスピレーションが湧き上がって頭の中に浮かんだものです。目に見えない強い力が宿っているのか、パワーカードを持つようになってから金運にも恵まれ次々と幸運なことが続きました。私の人生が好転しているのを周囲の人たちも気づいたようで、パワーカードがほしいという声が寄せられるようになり、幸運をシェアする気持ちでみなさんにもお配りするようになりました。その結果、転職や副業で収入が増えた、結婚することができたなど、よいご縁に恵まれた方が多くいました。さらに交通事故に遭いそうになったときギリギリのところで助かったとか、長く患っていて完治を諦めていた病気やケガから回復し、日常生活に支障がなくなったなど、さまざまな体験談を聞きました。人間の体は約70％が水であり、パワーカードは水に作用する感じがします。まさに、相手と自分との考え方が合わない時などに使う、「水が合わない」という言葉があるように、龍神様には理屈では説明のつかない不思議な力があるのです。しかし、パワーカードを持っていても、ただ持っているだけでは龍神様は助けてくれません。自分力との両輪が噛み合ってこそ、龍神様が後押ししてくれるのです。そして持っていていいことがあったら、パワーカードに「ありがとう、ありがとう」と感謝の気持ちを何度も伝えてみてください。感謝の気持ちを伝えることで運を育てることができるのです。

それに、目につくところに龍のアイテムを置いたり、身につけたりすることを通して自分は成長しようという意欲があると示すことで龍神様への意思表示になるだけでなく、成長して絶対に成功※をつかむのだという自分自身への覚悟にもなるのです。
（※ここでいう成功とはあなたの願望などをいいます）

運気の上がる言葉「自分力龍如爆上《りゅうじょばくじょう》®」

金運、仕事運、出会い運、恋愛運など、運気を上げて龍の背中に乗りたいと願うときにこの言葉を何度も唱えてみてください。

「自分力龍如爆上®」です。

そのまま唱えるだけでなく、パワーカードに唱えたり、絵馬に書いたり、紙に書いて見えるところに貼りつけておいても効果があります。

この言葉には、あなたの自分力が龍のごとく爆上がりするエネルギーがあるからです。自分力が上がると、龍神様も喜んであなたに力を貸してくれます。

龍神様に守られる人の特徴と行動

・龍神様に守られている人には、次のような共通した特徴があります。

1）雨男雨女

龍神様は水と縁が深い神様です。龍神様が現れるときには雨が降るといわれています。古来、雨は恵みの雨であったため、龍に守られている人は必然的に雨男や雨女になりやすいのです。突風も龍神様のサインなのです。映画の『天気の子』は、まんざらでもないんですよ。

2）直感が鋭い人

龍神様に守られている人は、自分の直感を信じている人、自信がある人、個性的な性格の人が多いです。流行よりも自分がしたいことを優先し、ブレない人は普通の枠にはまることを嫌います。

3）数字の8に縁がある人

数霊《かずだま》という言葉があります。言霊のように数字にも力があり、龍神様の数字は8になります。8は一桁の数字のなかで最大の偶数であり、さらに8を横に倒せば∞（無限大）です。あなたがよく見る数字はあなたの守護霊のサインでもあるのです。ぱっと見て8が目につくときは龍神様が近くにいるサインなのです。

また、数字の8だけでなく、ふだんから数字を強く意識することも大切です。成功を収める人たちが意識する数字としてよく知られるのが、ユダヤ商法の「78：22の法則」です。これは2つの構成要素からなるあらゆるものが、78：22の比率になるという法則で、地球の海と陸地の割合、空気中の窒素と酸素等の割合などもこれに該当します。生活のなかでも時間や気温、金額などさまざまな数字が溢れています。数字を強く意識することが大切なのです。

4）仕事ができる人

組織のリーダーを務めるような人は活力と才能に溢れており、積極的で物おじもせず、なにかパワフルな面をもっているものです。龍神様はそういったプラスのエネルギーをもつ人を好みます。そもそも行動力・実行力があるから龍神様が守ってくれるのです。

・次に龍神様に守られるための行動についてです。

1）自分力を高めている人

龍神様は好き嫌いがはっきりしているため、悪口を言わない人、嘘をつかない人、思いやりや感謝の心をもっている人、凡事ができている人などに愛情を注ぎます。当たり前のことが当たり前になかなかできない人が多いです。日々の行動が大切なのです。

2）いいと思うことはすぐに行動する人

龍神様に守られている人は判断が早く、積極的に行動する力に優れています。好奇心があって新しいことにチャレンジする人は、龍に守られやすい人といえます。

3）信仰心をもっている人

龍神様のご加護を心から信じることも大切です。龍神様は人間の成長を望んでいるため、その兆しがある人を守ります。龍神様を信じない人からは離れていきます。

龍神様は今のあなたを常に見ています。今から行動を変えれば、これからの人生を変えるきっかけになるはずです。

龍神様に会いに行ってみよう
～日本全国にある龍神様がいる神社～

日本全国には龍神様のいる神社が数多くあるので、いつでも龍神様に会いに行くことができます。

参拝の手順を堅苦しく考える必要はありませんが、龍神様のエネルギーやメッセージを受け取れるように素直な心で向かいます。

神社に着いたら鳥居の前で一礼します。このときに、頭にこびりついている「～すべき」という考え方を頭のなかから振り落とすことが大切です。ほかにも「～しなければならない」といった自分を制限する考えも、ここですっぱりと落としていきます。あなたの成功の足を引っ張るような思い込みを意識的に払い落とすのです。

ほとんどの神社には手水舎があり、清い水が溢れています。龍の銅像の口から水が流れるようになっている神社もあります。龍の像がなくとも、そうしたところには水の神様である龍神様の気配があります。ここで両手を浄め、口をすすぎます。一般的な手順は次のとおりです。

【手水舎《ちょうずや》での手順】
①ひしゃくを右手で持って水をすくい、左手に水をかける
②ひしゃくを左手に持ち替え、水をすくって右手に水をかける
③ひしゃくを右手に持ち替え、左手に水をためて口をすすぐ
④ひしゃくを立てるようにして柄に水を流す

いよいよ境内に入っていきます。神社の龍神様はあなたを歓迎してくれるはずです。歓迎の気持ちを表すサインにはさまざまなものがあります。境内に入ったら風が吹いてきたり、雨が降ってきたり、逆に雨が上がったり、龍は水を司る神様らしいや

り方でサインを示してくれます。空を見上げたときに龍の形をした雲を見つけたり、虹が出ていたりすることもあるかと思います。

龍神様の発する小さなサインを見つけることができたら、龍神様への感謝の気持ちとともに素直な心できちんと受け取ります。

本殿の前に進んだら二礼二拍手をして、いよいよ願いごとをしていきます。神社によってさまざまなご利益がうたわれていますが、自由の象徴である龍神様はどんな願いごとでも受け入れてくれます。

願いごとをするときには、そのために自分はなにをするのかをはっきりと龍神様に伝えます。自分の行動を変えることなく「なんとかしてください」と龍神様に丸投げするのではなく、「私は目標を叶えるために○○（具体的な行動）をするので応援してください」というスタンスでお願いするようにします。こうしたお願いの仕方であれば、人間の成長を望んでいる龍神様は喜んで手助けしてくれるのです。

最後に深く一礼してお参りを終えます。参拝を通して龍神様とのコミュニケーションによって、自分のパワーアップを感じられるようになってください。

龍神様が祀《まつ》られている神社リスト

◎戸《と》隠《がくし》神社

長野県長野市戸隠3506

戸隠神社は戸隠山のふもとにあり、奥社・中社・宝光社・九頭龍社《くずりゅうしゃ》・火之御子社《ひのみこしゃ》の五社からなります。天岩戸《あまのいわと》神話にゆかりの神々を祀っています。

天岩戸神話は、天照大神《あまてらすおおみかみ》が弟の須佐之男命《すさのおのみこと》の乱行に怒って岩戸に身を隠すところから始まります。太陽神である天照大神が岩戸に隠れてしまうと、世の中からはいっさいの光が消えて真っ暗になってしまいました。困った神々が会議をした結果、天照大神に再び出てきてもらうために歌や踊りの祭りを開くことになりました。岩戸の外では天鈿女命《あめのうずめのみこと》が踊りを披露するなど盛り上がっていました。そのにぎわいが気になった天照大神が少し戸を開いたところで、天手力雄命《あめのたちからおのみこと》が岩戸を押し開き、天照大神を外に出すことに成功しました。そのときの岩戸が下界に落ちて、戸隠山になったといわれています。

戸隠神社には、この神話に出てくる神々が祀られているほか、地主神として水と豊作の大神の九頭龍大神が祀られています。神社の横の大きな石はすごいパワーで手にビリビリと感じることができました。さらに、友人が写真をとると横に白い光線がはしっていました。

【御祭神】

奥社：天手力雄命

中社：天八意思兼命《あめのやごころおもいかねのみこと》

宝光社：天表春命《あめのうわはるのみこと》

九頭龍社：九頭龍大神《くずりゅうのおおかみ》

火之御子社：天鈿女命

高皇産御霊命《たかみむすびのみこと》

栲幡千々姫命《たくはたちちひめのみこと》

天忍穂耳命《あめのおしほみみのみこと》

◎神田明神

東京都千代田区外神田2－16－2

神田明神の名で親しまれ、正式名称は神田神社で、730年創建の歴史ある神社です。

徳川家康は1600年の関ヶ原の戦いに臨む際に、この神社に戦勝の祈祷をして勝利を収めました。以降、徳川将軍家が信仰するようになり、1616年には江戸城の表鬼門守護の場所にあたる現在の地に遷座《せんざ》して幕府により社殿が造営されました。以後、江戸総鎮守とされてきました。随神門には青龍が彫られており、手水舎にも龍の像があります。

私は東京の事務所からいつも4キロあまりの道を歩いて参拝に行っています。

【御祭神】
一之宮：大己貴命《おおなむちのみこと》
二之宮：少彦名命《すくなひこなのみこと》
三之宮：平将門命

同じく東京都内の神社では、私の知人でもあるDr.コパ氏が銀座8丁目に祓い、清めの3つの龍神石による龍神水で、銭洗いと厄落とし、悪縁切りができる銀座三宅宮を建立されています。

御神祭は三宅大神（三宅龍神）と宇摩志麻遅命《うましまじのみこと》や道開きの神、猿田彦大神《さるたひこのおおかみ》、芸能、良縁の神、天宇受売命《あめのうずめのみこと》や医師、薬、健康を守る少彦名命《すくなじこなのみこと》が合祀されています。ぜひ、足を運んでみてください。

◎貴船神社

京都府京都市左京区鞍馬貴船町180

貴船神社は全国2000社を数える水神の総本宮《そうほんぐう》です。創建ははっきりしておらず、約1300年前にはすでに社殿造替《ぞうたい》の記録があることから、歴史の古さがうかがえます。御祭神である高龗神《たかおかみのかみ》は龍神様のことです。

歴代天皇の信仰も篤く、水の神として雨乞いや雨止みの祈願をされてきました。そのほか、疫病の流行など天下に大事があるときには朝廷から勅使が遣わされていました。

私が参拝したとき、空気が凛として清らかな風を感じました。自分の心が浄化され、パワーアップできました。

【御祭神】

本宮：高龗神

結社：磐長姫命《いわながひめのみこと》

奥宮：高龗神

※一説には闇龗神《くらおかみのかみ》、玉依姫命《たまよりひめのみこと》も祀られていると伝わっています。

◎車折《くるまざき》神社

京都府京都市右京区嵯峨朝日町23

御祭神は平安時代後期の儒学者、清原頼業《よりなり》公で、和漢の学識と実務の手腕が当代無比と称えられたことにちなんで芸能のパワースポットとしても有名です。頼業の一族には三十六歌仙の一人の清原元輔や『枕草子』の作者として知られる清少納言がいます。

後嵯峨《ごさが》天皇が嵐山の大堰川《おおいがわ》に出かけた際に社前で牛車の車輪が折れたことから、車折大明神として「正一位《しょういちい》」が贈られ、以降、車折神社と称されるようになりました。

本社の横の水神社に祀られているのが罔象女神《みつはのめのかみ》という水の神様で、龍神様です。川の氾濫を治めるためにお祀りしていたのが最初とされます。

本殿の中からビリビリとパワーを感じることができます。

【御祭神】
清原頼業公

◎椿大神社《つばきおおかみのやしろ》

三重県鈴鹿市山本町1871

鈴鹿山系の中央麓にある椿大神社は「みちびきの神様」として知られる「猿田彦大神《さるたひこのおおかみ》」を祀っており、猿田彦大神を祀る全国二千余社の本宮です。猿田彦大神の妻である天之鈿女命《あまのうずめのみこと》は芸能の神様として知られており、芸能関係者からも厚い信仰を集めています。

椿大神社には、「龍神三社」と呼ばれる龍神様をお祀りしている社が三つあります。

一つ日が庚龍神社《かのえりゅうじんしゃ》です。境内の入り口にある樹齢400年と伝わるモミの木に龍が宿るとされています。

二つ目は龍蛇神両地神社です。水の神様である龍と、地の神様としての蛇、みちびきの神である猿田彦大神が祀られています。

三つ目は立雲龍《たちくもりゅう》神社です。子育て、虫封じ、腫れ物除去の神様として祀られています。

私は特にかなえ滝の横で龍神様の気配を感じました。

【御祭神】
猿田彦大神《さるたひこのおおかみ》
瓊々杵尊《ににぎのみこと》
栲幡千々姫命
天之鈿女命
木花咲耶姫命《このはなさくやひめのみこと》

行満大明神

◎玉置《たまき》神社

奈良県吉野郡十津川村玉置川1

創立は紀元前37年で、王城火防鎮護《おうじょうかぼうちんご》（都の火事を防ぐこと）と悪魔退散のために早《はや》玉神《たまのかみ》を奉祀したことが起源とされています。大峰山脈の南端に位置する標高1076メートルの玉置山山頂近くにあり、熊野から吉野に至る熊野・大峰修験の行場の一つとされています。平安時代には玉置三所権現、または熊野三山の奥院と称せられて栄えていました。

3万平方メートルの玉置神社境内は、聖域として木の伐採が禁じられてきたため、樹齢3000年とも伝わる神代杉《じんだいすぎ》を始め、常立杉《とこたちすぎ》、大杉など天然記念物に指定されている杉の巨樹林があります。２００４年には「紀伊山地の霊場と参詣道《さんけいどう》」として世界遺産に登録されました。

本当に辿りつくのかというほど驚くほど山奥にあります。駐車場についてからもけっこう歩きます。一生に一度はぜひ訪れてみてください。

【御祭神】

《本社》

国常立尊《くにとこたちのみこと》

伊弉諾尊《いざなぎのみこと》

伊弉冊尊《いざなみのみこと》

天照大御神

神日本磐余彦尊《かむやまといわれひこのみこと》

《三柱神社》

倉稲魂神《うがのみたまのかみ》
天御柱神《あめのみはしらのかみ》
国御柱神《くにのみはしらのかみ》

《玉石社》
大巳貴命《おおなむぢのみこと》

◎神龍八大龍王神社

熊本県菊池市龍門643

神龍八大龍王神社がある菊池市龍門地域はその名のとおり龍に縁のある土地で、龍にまつわる伝説が残されています。竜門ダムの近くには雄龍と雌龍が棲んでいたといわれる男龍と女龍という二つの淵があります。男龍の上岸には御神木である夫婦杉があり、その淵に龍神様が祀られています。
私が鳥居の前でスタッフの写真を撮っているときに私の頭に光が差して、野球ボールくらいのまっ白な球がすっと頭の中に入ったのを数名のスタッフが同時に見てびっくりした事がありました。

【御祭神】
神龍八大龍王神

◎田無《たなし》神社

東京都西東京市田無町3丁目7－4

鎌倉時代の創建時には現在地よりも北へ1キロほど離れた北谷戸の宮山にあり、「尉殿権現《じょうどのごんげん》」と呼ばれていました。明治時代に田無神社と名を改め、昭和に入ってから大阪の大鳥神社より大鳥大神が分祀《ぶんし》されて現在に至ります。

尉殿大権現と称されていた創建当初より級津彦命《しなつひこのみこと》・級戸辺命《しなとべのみこと》が祀られています。この二柱の神様は風をつかさどる神様で、元寇の際に神風を吹かせたとされています。

現在は、五行思想に基づいて本殿に級津彦命・級戸辺命として金龍、境内各所に黒龍、白龍、赤龍、青龍が祀られており、五龍神として信仰を集めています。たくさんの龍に出会える場所としても人気です。

私は、本殿とその横の大銀杏の間あたりからすごいパワーを感じました。

【御祭神】
級津彦命
級戸辺命

大国主命《おおくにぬしのみこと》

◎伏見稲荷大社

京都府京都市伏見区深草薮之内町68

全国に約3万社あるといわれる稲荷神社の総本宮で、稲荷信仰の原点である稲荷山に渡来人の流れをくむ秦伊呂巨《はたのいろこ》が奈良時代の711年2月初午の日に稲荷大神を奉鎮《ほうちん》させたのが始まりとされています。

商売繁盛と五穀豊穣の神様として知られ、稲荷山に数多くの鳥居が立ち並ぶ「千本鳥居」をはじめ世界各国からも参拝者が訪れるパワースポットとしても有名です。

私が参拝したとき、急に雲が割れ、スタッフがその風景を写真に撮ったところ、龍神様が玉をくわえている写真が撮れました（186ページ参照）。

数多く参拝した結果、やっと念願が叶い、本殿から上がって命夫《みょうぶ》参道の前から3番目に鳥居を奉納できる事になりました。令和7（2025）年2月初午の日に建立予定です。

【御祭神】

田《た》中《なかの》大神《おおかみ》
佐《さ》田《た》彦《ひこの》大神《おおかみ》
宇《う》迦《か》之《の》御《み》魂《たまの》大神《おおかみ》
大宮能売《おおみやのめの》大神《おおかみ》
四大神《しのおおかみ》

以上、日本で龍神様を祀っている社寺の一部を紹介しました。人間は弱い存在で、たいへんな思いをしているときにはなにかにすがりたくなるものです。そんなとき、日本人を長年支え、応援し続けてくれた龍神様は心強い存在です。ただし、龍神様の御加護を得るには、自らのうつわ（自分力）を磨いていく必要があります。

第3章

素直、感謝、思いやり……必要なのは「自分力」磨き

龍神様に愛されるための心得

龍神様に好かれる人、嫌われる人

龍神様は人間の成長を助けるために地上にやってきているので、成長しようとしている人を好みます。

成長とは次のようなサイクルで変化し続けることだと考えています。

①考え方

次のステージに上がるために変えるのは「考え方」です。これまで培ってきたものを変えたり、捨てることは勇気が必要です。一つものがなくなるということは、新しいものを一つ自分に取り込むチャンスにもなります。変化を恐れないことが、すなわち、ステップアップに直結するのです。

成功(願望の実現)のサイクル

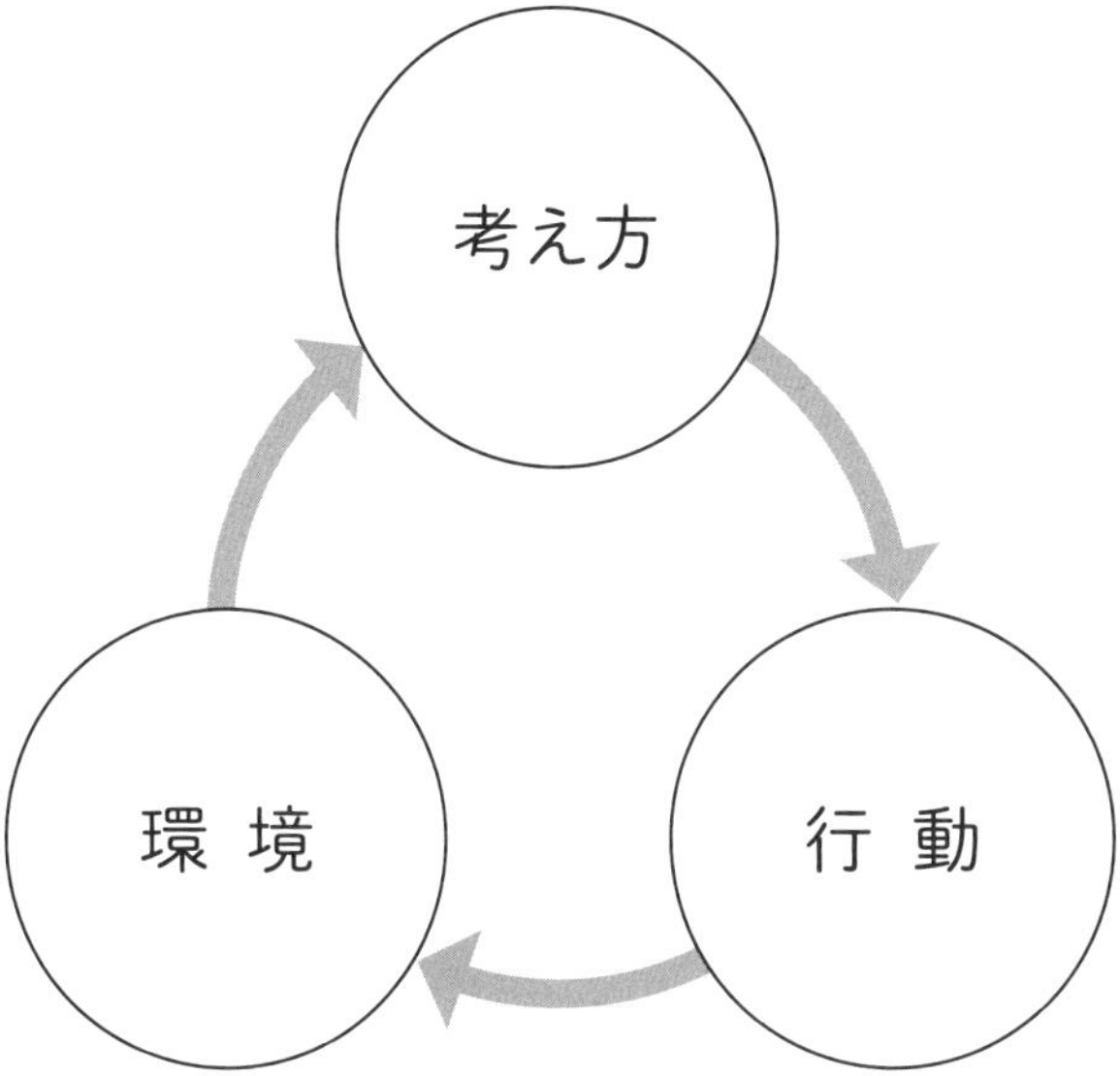

たえず変わることで
成長を繰り返すことができる

②行動

考え方が変わると、行動が変わります。行動範囲が広がれば、自ずと知らない世界に触れる機会も増え、経験値も高まり、さまざまな経験を積むことで視野が広がり、成長する意欲もどんどん高まります。行動を変えるというちょっとした勇気が良い方向に向かう流れへと導いてくれるのです。

③環境

行動が変わると、あなたの周りの環境が変わります。生活の習慣や心のもち方が変わり、その結果、自分を取り巻く環境も変わります。環境が変わったと気づく頃には変化を成長として受け入れ、より高みを目指して頑張ろうと思えるような自分になっているのです。

変化は、サーフィンに似ているかもしれません。予期しない波がやってきても自分の対応次第でうまく乗りこなすことができればどんどん楽しくなり、経験を重ねて乗りこなし方も分かってきます。そうしてスキルアップしていくうちに挑戦する気持ちが芽生え、もっと大波に乗りたいと新たな目標を見出すことができるのです。

サイクルを回し続けることであなたは確実に成長し続け、龍神様の応援を得て、自分が思っているよりも何倍も高いところに到達できるようになります。

大事なのは「自分力」

成長サイクルを回すことで高めていきたいのが自分力です。私が考える自分力とは人のうつわのことで、うつわには次のような要素が含まれます。

・人を惹きつけることができる人間性

・目先のことにとらわれない視野の広さ
・自ら積極的に動ける行動力　など……

これらは龍神様が好きな要素とも重なります。

人を惹きつけることができる人間性は、すてきな笑顔であったり、素直さであったり、人への思いやりが織りなすものです。目先のことにとらわれない視野の広さは、既存のものや固定概念にとらわれない自由な発想にも通じ、なによりも行動する人を応援したいと願っている龍神様にとって、行動力は大好きな要素の一つです。

あなたはこれまでの人生のなかで「男だから」「女だから」といった性別などで制限されたり、「もう○歳だから」と年齢で行動を制限されたりした経験がなかったですか。でも、自分力には、学歴や資格、年齢、性別、家柄といった要素はまったく関係ありません。

2020年から始まった風の時代では、価値観が制限から自由へとシフトチェンジし、もう縛られる必要がなく、また変化のスピードが速い現代、どんな学歴や資格をもっているかはそれほど意味がありません。視野を広くもち、仲間と力を合わせて積極的に行動できることのほうがずっと重要です。

これからの時代、誰にも真似できない、あなたらしい自分力を身につけることこそが最高の武器といえるのです。

「自分力」を高める生き方

自分力とはどんなものか理解できたところで試してほしいのが、人と違うことをしてみることです。最初は思いっきりハードルを下げて、ごく簡単なことから始めます。

例えば、いつもの自分と違う服装をしてみるのもその一つです。クローゼットを見回してみてください。似たような形、同じような色、無難なデザインの洋服しかもっていないことに気づくと思います。街中を見渡しても黒・紺・茶・白など、ほかの色と合わせても違和感のない色の洋服ばかりが目につきます。派手な色や柄の洋服を着ていると変な目で見られたり、悪目立ちすることもあります。

でも、普段の自分なら着ないような洋服をあえて着てみてください。身につけるもののなかでも洋服は、着る人のエネルギーを大きく左右します。好きな明るい色を選んで、ぜひテンションが上がる洋服を着てみてください。華やかな印象になるだけでお金も運も呼び込みます。人と会うときは地味な色の洋服を着るのは控えましょう。あなたは本来、多くの人に埋もれるような人ではないのです。自信をもって今までの自分ではないような洋服を着るだけで自分が変わり、人生も変わり始めます。

次に挑戦してほしいのは、あなたの常識を見直してみることです。今まで当たり前のようにやってきたことを、あえてやらない決断をしてみます。勇気を出してやってみると、最初は摩擦が起こったり、もしかしたら怒られたりすることもあるかと思います。でも、堂々と自分のやり方をとおすことが重要で、そうすることによって自分で自らのルールを決めることができるようになってきます。やり続けていれば、周囲に認められていき、その段階に達する頃には「こんなことしたら怒られるかも……」とびびっていた自分から卒業することができるのです。

考えるな！　すぐ行動！

運気をアップするには、ポジティブに行動を起こすことがなによりも重要です。

行動を起こそうとするとき、どこかに必ず「失敗するかも……」とか「やったことがないから」など今までの条件づけを思い出してしまい、行動することをためらってしまいます。しかし、大事なのはなによりもすぐ行動を起こすことです。

なぜなら、もし失敗するなら早い段階で失敗しておいたほうがいいからです。失敗から学んだことを次に活かして、新たに挑戦すればいいのです。

どんな組織でも、課題に対して「すぐやる人」こそが評価されます。とにかく行動を起こしたら、失敗はつきものです。それが早ければ早いほど、間違いに早く気がつくことができるようになり、例え何度も失敗を繰り返しても、何回か失敗をするうちに改善策が見つかり、成功へのきっかけにつながっていくのです（でも同じ失敗を繰り返すのはよくないです〈笑〉）。

すぐ行動を起こす人こそ、龍神様は大好きなのです。
すぐ行動する人になるためには、日常のささいなことでも速くて確実に、スピードを上げていくことが大切です。

例えば、メールやSNSでメッセージが届いたら、後回しにせずすぐに開封して、その場で返信する。また歩くときは時間に余裕があったとしてもすばやく歩き、予定の時間まで気持ちにゆとりをもたせるなど、スピードを意識して行動してください。すばやく歩けばダイエットにもなります（笑）。

常に猛スピードで行動してください。

イタリアのルネサンス期を代表する芸術家であるレオナルド・ダ・ヴィンチはこう言っています。

幸運の女神には、前髪しかない。

幸運の女神はすぐに通り過ぎてしまう、慌てて気づいてつかもうとしても後ろ側には髪の毛がなく、もう遅いのだという警告が込められています。

チャンスをつかむためには、前のめりでつかみに行くぐらいがちょうどいいのです。

もう一つ勧めたいのが、今まで行ったこともなかった場所に行ってみることです。行き先は、「できれば行きたくない……」と思うようなところほど効果的です。勇気を出して一歩踏み出してみると、今まで縛られていた思い込みや不安や恐れから自由になれるのです。

世界から取り残されつつある日本で今までどおりのことを続けていては、現状維持でしかなく、実はどんどん衰退していくということなのです。小さなステップからでも始めてみれば、あなたの個性が際立つようになってきて、それこそがあなたのすばらしい魅力となり得るのです。

そして「知るは凡人、やるは偉人」という言葉がありますが、あなたがせっかく成長しようとして本を読んだり、セミナーや研修会に参加したりしても、それは知識として得ただけです。実際の行動に移さなければそれはただの頭でっかちなのです。

自分から動き出せば必ずなにかが変わります。そもそも人間は行動できない生き物といわれています。成功哲学の提唱者の一人であるナポレオン・ヒル博士が「人は何回チャレンジしたら諦めるか」という調査を行ったところ、なんと「1回以下」という結果が出ました。つまり、多くの人が行動せずに投げ出してしまったり、一度の失敗で諦めてしまったりしているのです。

「人事を尽くして天命を待つ」という言葉が示すとおり、人ができることは全力をかけてやり続け、あとは龍神様の助けを得ながら、成長しようと行動した人が成功することができるのです。

成功の合言葉を知ろう

自分力を高めていくなかで、壁にぶつかったり悩んだりすることも多々あると思います。なにかに悩んでいるとき、問題が起きたとき、判断を迫られているとき、私が心のなかで唱える合言葉があります。

それは

・できないと思ったら　やらなければならない
・怖いと思ったら　やってみる
・誰もやらないことは　自分(私)がやる

です！

壁にぶつかったときに真っ先に否定してくるのは、もう一人の自分（あなた）です。「どうせ無理に決まっている」とか「自分なんかできるはずがない」などとできない理由を探し始め、多くの人は「前にもこんなときに失敗したよな」とか「〇〇さんもやめたほうがいいと言っていたし……」とか、自分の過去の経験や周りの人の言葉から「やらないほうがいい」と決めつけてしまうのです。

変化のスピードの速い現代、また地の時代から風の時代に変わっていくなかで、従来のやり方や考え方にとらわれず行動していくことこそが、大きなチャンスにつながるのです。難しいと思っていたことが、実際に取り組んでみたらそうでもなかったということはなかったですか？　できないと思うようなことこそ挑戦してみてください。怖いと思うことほど、勇気を出して挑戦してみるのです。誰もやらないようなことをやることで人生のチャンスをつかめるのです。

成功を収めている人も最初は怖かったはずです。それでも怖いもののなかにこそ本物のチャンスが隠れていることを信じ、リスクを取って立ち向かい続けたからこそ成功を収めることができたのです。何度も失敗したとしても、最終的にプラスになればいいのです。

ただし、勇気と無謀は違います。

「生活にも困っているくらいなのに、なけなしのお金をそんなものに使っちゃうの？」と誰もが首をかしげるような無謀なことをする人がいます。それでは成功するにはほど遠いどころか、周囲にも迷惑をかける結果になってしまいます。挑戦しようとするときは、視野を広くもって、よく考え行動することが大切です。

龍神様に愛される行動力のある人は、無鉄砲に突っ走る人ではありません。慎重に考え、大胆かつ積極的に行動できる人です。

目標を決めて、宣言しよう

あなたは目標をもっていますか。目標は自分で設定した人だけが叶えることができます。ポイントはその目標を心のなかでつぶやくのではなく、周りにも必ず宣言するということです。

目標を宣言するのは、自分の気持ちを奮い立たせるためだけではなく、目標を宣言すると周りにも刺激を与え、共鳴が起こり、予想もしなかったような人まで応援してくれるようになります。応援してくれる人が多いと、目標達成につながる重要な情報までも引き寄せられてくることがあるのです。

目標が大きいほど人に知られるのが恥ずかしいと思うかもしれませんが、多くの人は頑張っている人を応援したいと思うものです。目標や熱意が伝われば、応援する人は実現のために力を貸してくれたり、こんなに頑張っている人がいると周りの人にも教えてくれるのです。

そうなればしめたもので、周りの人を巻き込んでいくことによって、目標達成の可能性は俄然高くなり、龍神様も力を貸してくれるようになるのです。

龍神様が離れていくマイナス言葉

龍神様はあなたが本気で頑張っていれば、強力な後押しをしてくれます。しかし、時には龍神様が離れていってしまうこともあります。特に次に挙げる「マイナス言葉」は、せっかく味方になってくれた龍神様が離れていってしまうことにつながります。

【龍神様が離れていくマイナス言葉の例】

・どうせ
・やっぱり

・できない
・でも
・無理!
・私なんか……
・いや……

などなど

私は若い頃からこういったマイナス言葉を意識して使わないようにしてきました。また、マイナス言葉ばかり使う人とは距離を置くようにしています。なぜなら、言葉は潜在意識に強く影響するからです。あなたが普段使っている言葉が、あなたの人生を決めているといっても過言ではありません。

例えば、営業職しかやっていなかった人が商品開発の部署に異動したとします。新しいことに携わる楽しみがあるものの、これまでまったく経験がないことを不安に思い「私なんかにできるのかな」とつぶやいてしまったとします。

その言葉を最初に聞くのは、当然ながらあなた自身です。自分が発したマイナスの言葉は、そのまま自分に返ってきます。マイナスの言葉に暗示をかけられたかのように不安はだんだん大きくなり、自分にはできないという思い込みのほうが強くなってしまうのです。そんな様子を同じ部署の同僚が見ていたら、その人に商品開発の仕事ができるのかと不安になります。本人にも周囲にも不安しかなければ、物事もなかなかスムーズに進まなくなってしまいます。

自分をどんな環境に置くかはとても重要なポイントです。人間はポジティブな言葉よりもネガティブな言葉に影響されやすいからです。あなたがプラス思考をするタイプの人であっても回りの人がグチや不満を言う人たちばかりだと、その影響を受けやすくなり、そして、いつの間にかあなたまでネガティブ思考に陥ってしまうのです。

マイナス言葉は発する人のエネルギーを奪い、また、周囲の人のエネルギーまでも奪ってしまいます。龍神様は人間の成長を助けるために来ているわけですから、そんなマイナス言葉を使う人は、見限って離れていってしまうのも当然です。

私が今までに出会ったなかで成功をつかんでいる人は、みんなポジティブでプラスの言葉をよく使います。プラスの言葉を使う人の周りには、同じようにプラスの言葉を使う人が集まります。マイナスの言葉を封印するだけでなく、プラスの言葉を使うことで龍神様は喜んで応援してくれるのです。

ぜひ自分自身のプラスの言葉を見つけてください。小説や映画などからピンときたセリフをストックしていくのもおすすめです。私は本を読んでいるときにいいなと思った言葉はノートに書き写したり、紙に書いて目につくところに貼ったりしています。

優先順位で人生は劇的に変わる

龍神様の後押しを得て劇的な成長をしていくことを「龍の背中に乗る」といいます。ただ、龍の背中に乗るのは生やさしいことではありません。なんとしても自分のやりたいことをやり遂げるのだという相当の覚悟が必要です。

そのためにまず考えてほしいのは、人生の優先順位、つまり自分の幸せのためになにが必要かということです。具体的にイメージするために空っぽの瓶を想像してください。この瓶はあなたの人生です。中に入れるのはピンポン玉（家族や友だち、健康や仕事など、一番大切なもの）、小石（趣味や習いごと、車など、ある程度大切なもの）、砂利（噂話や悪口など、大切なもの以外のくだらない雑事）です。これらをどの分量、どの順番に入れるかで、人生における時間の使い方が大きく変わってきます。自分にとって重要ではないささいなものや情報に時間を使い過ぎると、一番重要なものに使う時間がなくなってしまうのです。地球上に生きる者にはすべて平等に時

人生で大切なこととは

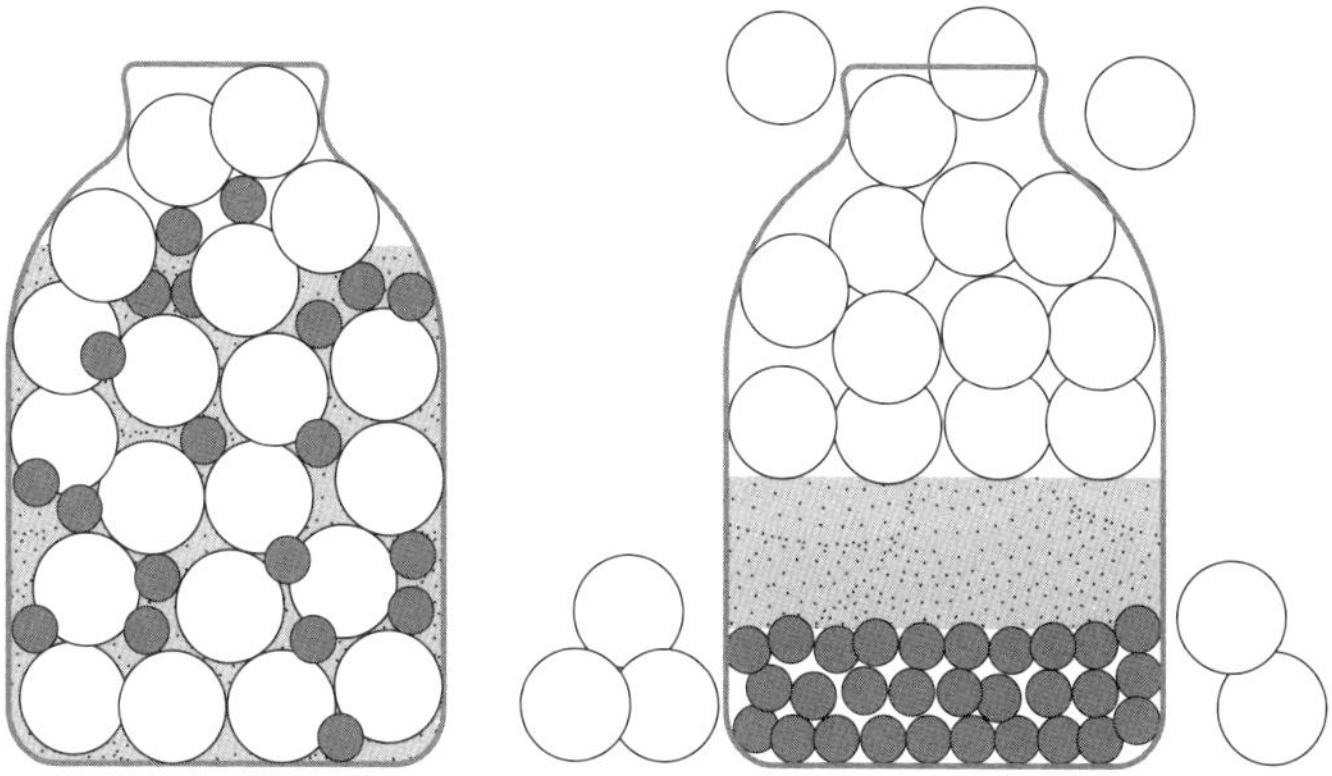

大切なものを優先すれば
人生は充実する

ささいなものに時間を割くと
大切なものに注ぐ時間がなくなる

ピンポン玉（家族や友だち、健康や仕事など、一番大切なもの）

小石（趣味や習いごと、車など、ある程度大切なもの）

砂利（噂話や悪口など、大切なもの以外のくだらない雑事）

間が与えられています。その使い方一つで可能性は無限に広がり、人生の優先順位を決めてから行動することで、幸運も成功も自然と近づいてくるのです。

人生最期のときに「こうすればよかった……」「もっとこんなことがしたかった……」と後悔しながら死んで行くことが嫌であれば、なにが重要なのか、なにを優先すべきなのか、あなた自身が見極めていくことがとても大切なのです。

あなたが一生靴下を履かせ続けるようなことはしてはいけない

例えば、こんな話があります。

釣りをしている老人のところにおなかを空かせた子どもがやってきて魚が欲しいといいました。しかし、老人は魚を与えることを拒みました。

老人は「もし、私が魚を与えれば、おまえたちの飢えはとりあえず解消されるだろう。しかし明日はまた同じことになるよ。その代わり私はおまえたちに道具を貸して、どう魚を釣るかを教えよう。釣り方を覚えれば、釣り道具が壊れるまで魚を食べ続けることができる。また釣り道具の作り方も教えよう。そうすればおまえたちは一生食べていくことができる」と教えたのです。

お金のない人たちにお金を渡すのは、魚を与えるだけの考えです。ここで必要なのは魚の釣り方を教えることで、釣り方が分かれば自分たちが食べることができるようになるのです。

魚を与えられ、一時的に潤っても、魚の釣り方を知っていなければ長い人生を生き抜くことは難しいのです。

私が考える本当の愛情とは、本当に大切な人には愛情をもって言いづらいこともきちんと言うことだと思っています。自分の家族や子どもたちならば本気で叱って教えますよね。

言ってあげるのが愛情、言ってあげないのは非人情

私は会社を創業してから3年間、元日の休みを除いてずっと日本全国を一人で説明に回りました。絶対に成功すると決めていたし、人と違うことをやり続ければ成功に近づくことをそれまでの失敗から学び、分かっていたからです。自分の信念に従って行動すると、次第に周りの人間関係が変わってきていることに気がつきました。人間関係はそのときの自分にふさわしい人が集まり、成長するほどレベルの高い人と出会うことができます。つまり、周囲の人との人間関係は自分を映す鏡なのです。

世の中は、良いことも悪いことも、そのまま自分に返ってくるようにできていまず。周りの人たちが自分にどう接してくるかは、自分の行い次第なのです。人間関係が変わってきたら成長している証拠と受け止め、新しい関係を築いていくことが大切です。高いレベルで同じような目標をもつ人たちと出会うと、波長が合い、また相互によい刺激を与えることができます。そうした前向きな気持ちを龍神様はもっともっ

と応援してくれるのです。

反対に龍神様が嫌うのは、嫌われないための行動をする人です。例えば、相手に直したほうがもっと素敵になれることがあるのにもかかわらず、嫌な面を指摘するので相手が不快な思いをするかもしれないと考えて教えてあげられないとか、一見、相手を思いやる行動のように思えますが、本当は相手を思う気持ちよりも自分を守ろうとする気持ちが強いため、話や行動の端々に嘘や言い訳が多くなり、心と行動がバラバラで、本心がどうなのか、龍神様も判断がつかないのです。

どんな時代においても必要とされるのは正直な人です。凡事徹底し、まっとうに生きれば、物事はうまく運ぶのです。

「うつわ」を広げて龍神様に好かれよう

成長していく過程では自分がもっているマイルールを何度も捨てたり更新したりしていくことが必要です。

というのも、うつわを広げていく過程では、「今あるものを全部ひっくり返して新しいものを学ぶ準備はできているか」ということが試されます。今まで自分がよりどころとしていた「正しさ」を手放さなければならないのです。

例えば、中学生の時に「正しい」と思っていたことも、高校生になって覆ったり、別の考え方があることを知ることによって、正しいと思っていたものが、正しいものの一部で、すべてではないとわかることもありますよね？

これまで信じていたものを手放すとき、きっと怖いと感じてしまいます。人は未知のものに出会ったときや、なにが起こるか分からないときには本能的に恐怖を感じる生き物だからです。その恐怖に打ち勝つことができなければ今の場所に自分を押し込め、成功から遠ざかってしまいます。

ただ、龍の背に乗って大きくステップアップするためには、その恐怖を克服して過去を捨てる決断をしなければならないのです。

成功するのが難しい人とは、自分の考えに固執し、それ以外の考え方や見方に対して拒絶反応を起こす人、変化を拒んでは、成功は遠くなってしまいます。もう一つは、変化することによって、自分の心やプライドが傷つくことを恐れている人なのです。

例えば、ロールプレイングゲームの世界ではステージをクリアしていくたびにスキルアップして、戦闘能力などのレベルが上がっていきます。

ステージが変われば環境に応じて戦い方も変わります。最初のステージでは草原を走り回って弱い敵を倒していればよかったのに、ステージが進むにつれ水の上や火の中などの過酷な環境を進まなければならなかったり、求められるスキルも変わってきたりします。そして、それぞれのステージでは最後にボスと呼ばれるような強い敵が待ち構えていて、これを倒さなければ次には進めません。

現実の世界での成功への道のりも同じです。成功するまでにはいくつもステージをクリアしていかなければなりません。成功できない人はゲームでいうボス戦をクリアできずに諦めて投げ出してしまい、楽に戦えるステージに居座ることを選んでしまいます。それは自分にとって居心地のいい場所であって、つまりは成長を諦めるということです。龍神様は成長を諦めた人から離れていってしまいます。

人は怖いものにチャレンジすることで進歩してきました。ストレスを感じたり嫌だと思ったりすることがあっても、考え方を変え、前進しチャレンジしていくからこそ、新たな気づきを得ることができるのです。

龍神様は常に感謝している人が大好き

ポジティブな面に注目することがよいことは分かっていても、どうしてもネガティブな面に目が行ってしまう人もいます。自分を変えて成功を手にしたいと願うなら、意識的にポジティブなものに注目できるように考え方を変えていきましょう。すると、同時に自分のうつわも広がっていきます。

例えば、ある春の日に散歩をしていて道端に咲くタンポポを見つけたとしたら、あなたはどんなことを思いますか。おそらく多くの人は、花を見てきれいだな、かわいいなと思うでしょう。それは決して間違ったことではありません。

しかし、成功している人は、一つひとつの花に「ありがとう」の感謝の気持ちをもち、自然も自分を愛してくれていることに気づくことで、自分の気持ちも満たすことができるのです。

こうした小さな幸せにたくさん気づくことがさらなる幸せを呼び、自然に分け合おうという気持ちが生まれてきます。

幸せのうつわを大きくするには、幸せなことを考える時間を1秒でも長くもつことです。世の中は感謝する人より愚痴やねたみ、ひがみを言う人が多いと思いませんか？　私は、人にひがまれることも栄養剤だと思って感謝するようにしています。上に昇れば昇るほど、ひがむ人は多いです。自分自身ではなにもせず、くすぶっているような人ほど、負け惜しみのようなひがみを言う傾向があります。そんなひがみも栄養剤として感謝してエネルギーに変えましょう。私はいつも、嫌なことがあったら、感謝、感謝と言います。感謝のエネルギーをいつも心に置いてください。

なにごとも考え方一つで、ネガティブなこともポジティブにとらえることができ、そうやって幸せのうつわを広げていけば、幸せは必ず向こうからやって来ます。楽しいことが大好きな龍神様は、そんな人を喜んで応援してくれるのです。

笑顔は人を惹きつける力がある

龍神様は人の笑顔が大好きです。人間だって仏頂面の人より笑顔の人に惹かれるように、龍神様だって同じなのです。

オンラインでのミーティングが増え始めた頃、画面に映し出されている自分の顔が能面のように無表情で驚いた人もいたと思います。

そんなときに意識してほしいのは目と眉毛です。特に重要なのが眉毛です。眉毛は人の表情の印象を大きく左右するからです。

冷酷な人の描写として「眉一つ動かさず」という表現があるように、眉毛が動いていないと人の顔は無表情で冷たく見えます。周囲から見ると何を考えているか分からず、本人にそんな気がなかったとしても話し掛けにくい雰囲気をかもし出してしまうのです。

逆に、眉がよく動く人は愛嬌《あいきょう》があり、親しみやすい雰囲気が出るので周りからも愛されます。

試しに手鏡に自分の顔を映し、眉毛を動かしてみてください。

眉を上げれば驚いたような表情になり、眉の間にシワを寄せるようにしてみれば困った表情になります。普段眉毛が動いていない人は眉毛を動かす筋肉が衰えているので、意識して動かそうとしても動きにくいと感じると思います。毎日習慣のようにして動かしているうちに徐々に動くようになるのでぜひやってみてください。

ちなみにこれを素直に実行し、人生が劇的に変わった友人もいます。

笑顔を武器にして飛び込んでみよう

笑顔が素敵な人の周りにはたくさんの人が集まります。そうなったとき、「誰と一緒に過ごすか」ということは、自分自身の成長に大きな影響を与えます。

私は一流と評判の高い経営者の集まりの情報をキャッチすると、興味を惹かれたものには飛び込んでいくようにしています。

当然、いつも一緒にいる気心の知れた仲間と過ごすほうがストレスもなく、気が楽です。それに対し、ハイレベルな経営者の集まりには自分の知らない世界の人がたくさんいます。そんな場に出かけていくことは勇気がいります。初めて参加する集まりであればなおさらです。

私自身、勇気を出して参加した集まりで周囲から場違いに思われ、冷たい視線を向けられたことも多々ありますし、嫌な気分を味わったこともあります。それでもあえて飛び込んでいくのは、自分が楽で、いつもどおりを繰り返している環境だと成長が止まってしまうことを分かっているからです。

自分と同じようなステージにいる人や、同じような環境にいる人とばかり話していると、詳しく話さなくても伝わることがあり、コミュニケーション能力が落ちてしまいます。やがて違う視点を受け入れられなくなったり、新たな視点から世界を見る意欲を失ってしまいます。

そのような刺激の少ない状況が続けば、新たな情報への感度も落ちてしまいます。そうならないためにも、常に良い刺激を求め、飛び込んでいく必要があるのです。

すごい人の周りにはすごい人がいます。そんな人たちと一緒に過ごすなかで、どのような考え方をしてどのように行動するのかが自然と見えてきます。直接なにかを教えてもらうわけでなく、自分もその人たちと同じように考え、同じように行動できるようになっていくのです。

すごい人とつながった数と比例して、チャンスを増やすことができます。自分では場違いかと思うようなところにこそ、笑顔を武器にして積極的に飛び込むことが大切なのです。笑顔は、人間関係においてあなたの強い武器になるはずです。自分も周りの人も幸せになれる、いい笑顔を武器にしましょう。

笑って笑って笑いまくる

龍神様は笑いが大好きです。そして笑っている人について来てくれます。笑いは大きなプラスのエネルギーです。そのエネルギーを発する人は龍神様の目に留まりやすくなるのです。

あなたに不要なマイナスのエネルギーが入ってくると、あなたのエネルギーは小さくなってしまいます。すると龍神様は助けることができません。必然的にお金も入ってきづらくなります。

そういうときは、心から笑うようにすると、邪気や不要なマイナスのエネルギーをはねのけてくれます。まさに「笑い」は「祓《はら》い」なのです。

笑いは、日本人の2人に1人は罹《かか》る病気でもある「がん」をも予防するといわれています。笑いは人間の体の免疫細胞を活性化させ、がん細胞を減らしたり、ウイルスに感染しないようにしたりします。

さらに、血行促進や脳の働きを活性化させたり、幸せホルモンを分泌したりして健康にとってもいいことずくめなのです。

お金持ちになりたいなら、一人だけで笑うのではなく、ぜひみんなで大笑いしましょう！

龍神様はお金が大好き

龍神様は想像上の生き物だという人がいますが、目に見えなくても私たちの世界にちゃんと存在しています。

私の周りでは龍神様を見た、感じた、声を聞いたという人がたくさんいます。かくいう私も龍神様を感じてきましたし、ほかの「もの」の力を借りてたくさんの夢を実現してきました。

月収16万円のサラリーマンだった私がお金も時間も自由になり、素敵な友人たちに囲まれ、充実した毎日を過ごしています。寝たいときに寝て、食べたいときに食べて、好きな仕事ができています。仕事は自分が不得意なことは優秀なスタッフたちに任せ、得意なことだけやっています。

私は本当にしがないサラリーマンだったのです。人生どん底だった私がなぜ逆転できたのか？

それは、ほかの「もの」の力をお借りしたからなのです。龍神様はお金を大量に呼び込んでくれます。

ここで皆さんに質問です。お金と商品が世の中をぐるぐると循環することをなんというでしょうか？

答えは流通です。そう、流通とは「龍通」。お金の流れは龍の流れ。お金の通り道は、龍の通り道なのです。

龍神様はお金が大好きです。あなたもこの力を存分に借りて、あなたの夢を実現しましょう。

神社でたくさんのお賽銭を入れる

神社にお賽銭をたくさん入れると返ってきます。今でこそそう言えますが、私も若い頃は100円を入れるのも躊躇するようなうつわの小さい人間でした。

でも今は違います。お賽銭にたくさんのお金を入れられるようになったのです。お金のうつわが大きくなり、幸運やチャンス、ご縁に恵まれてこうして生かされているのは、龍神様などのほかの「もの」の力のおかげでもあると思えるようになったからです。

その感謝の気持ちを表すのに、お賽銭という方法でお返ししているのです。神社を訪れる際には自分のできる範囲よりちょっと多めの金額をお賽銭箱に入れることを心がけています。

もちろん、あなたの生活が困るほどの金額をいれましょうという話ではありません。ちょっと背伸びをした金額だとその想いが龍神様にも届きやすくなるのです。

恋人同士のプレゼントでもそうじゃないですか？　高ければいいというものでもない。だからといって安くてもだめ。

「この人、ちょっとがんばってくれたんだな」って感じられるプレゼントだともらったほうもうれしくなりますよね。それと同じ感覚です。

かつてのお賽銭は100円、500円だった私も、今ではここぞという神社で1万円を入れるようにしています。

えっ1万円も?!　もったいない！　と思う人もいるかもしれません。でも、実はその気持ちの中にあるのは「お金への執着心」です。

お金への執着心があるとお金がはいってきません。逆にお金への執着心が少なくなると、お金はすんなり入ってくるのです。

1万円をお賽銭箱に入れたからと言って、すぐに何かを得られるわけではありません。でもこのように一見損のようにみえることにお金を使ってみると、不思議な体験なのですが、すーーっと、執着心が消え、逆に、自分に与えられているたくさんの豊かさに気づくことができます。あとでくわしくお伝えしますが、「たらいの法則」と同じで、手放すことで（与えること）、さらなる豊かさが引き寄せられてくるのです。

もちろんいきなり1万円はキツイという人は、いつも入れている金額よりもちょっと多めに入れてみてください。

行ったことのないハイブランドショップに入ってみる

多くの人は、自分の収入の範囲内で生活しています。でも、それではいつまでたってもお金のうつわは大きくなりません。自分にとって心地よい環境から抜け出し、うつわを大きくしなければ、人生もお金も変化がないまま過ぎて行ってしまうのです。

そうした現状を打破するために、行ったことのない、誰もが憧れるようなハイブランドショップに行ってみてください。最初はなんとなく居心地が悪く落ち着かないような気持ちになるかと思います。自分にはふさわしくない、緊張してドキドキする、店員や周りの人の目が気になる、バカにされている気がするなど、いろんな感情があふれてくると思います。こうした感覚を深く感じることが大切なのです。

せっかく訪れたのならば、店員さんの対応もチェックしてみてください。店員さんは、何があってもお客様をバカにするような言動・行動をとることはありません。自分が働くブランドに誇りをもっているので、お客様が来てくれることを何よりもうれしく思い、感謝の気持ちをもち続けているのです。

万が一、あなたがバカにされているような気持ちになったら、その原因はあなた自身の心の中にあります。それはあなたの劣等感や引け目といったものが、マイナスの感情を呼び覚ましてしまっているからです。

まごころがこもった店員さんのおもてなしがあるのに、それとは真逆の感情が芽生える。これが、お金に対するネガティブな感情と同じなのです。人がお金に対してネガティブな感情を持っているのは、子どものころに刷り込まれていることが多いのです。お金は悪いもの、汚いものなどといったネガティブなイメージを抱いてしまうと、お金を拒絶するようになります。こうしたことが積み重なればお金の流れまでも停滞してしまうのです。

お金に対するネガティブな感情は、日常では感じることができません。自分が場違いだと思う場所に行くと自然と湧き出て、そわそわするような感情や、なんともいえない違和感が出てきます。でもそれは、心の奥深くにあるお金に対する負の感情を浄化させるチャンスでもあるので、ぜひハイブランドショップに行ってみてください。買う・買わないではなく、その場に居ることが大切です。店内の雰囲気に慣れてきた頃には、あなたのお金に対するうつわはきっと大きく広がっているはずです。

「うつわ」とは

成功を得るためには、自分の「うつわ」を大きくすることです。小さなうつわは水を入れてもすぐに溢れてしまいますよね？

成功も同じなのです。自分の「うつわ」が小さいままでは、大きな成功は収まりきれずにこぼれ落ちてしまうのです。人は、お金も、幸せも、人間関係も、自分が持っている「うつわ」の分しか手に入れることができません。

実は、誰にでも平等に「お金」や「チャンス」「幸せ」は降り注いでいますが、それを受け取れるかどうかは、あなたの「うつわ」次第です。人のせいでもなく、環境のせいでもない、まぎれもないあなた自身の「うつわ」の問題なのです。

逆を言えば、自分がもっている「うつわ」が大きければ、どんなに嫌がってもお金

「うつわ」が小さい

「うつわ」が大きい

や幸せ等が入ってくるのです。
ギャンブルで大金を手にしても、「知らないうちになくなっていた」という話を聞いたことがありませんか？　「うつわ」以上のお金を手にしても、なんらかの形で出ていってしまうのです。

みなさんにとって「成功」は、必ずしも、お金にまつわることだけではないと思います。でも、何かの目標を達成しようとする場合も同じです。成功をつかむためには「うつわ」を大きくするしかないのです。
あなたが目指す「成功」に見合った「うつわ」を持たずして、「成功」を得ることはできないのです。

ここで質問です。昇格するとき、役職と、その役職にふさわしい「うつわ」があるとでは、どちらが先だと思いますか？

「うつわ」が先にあって、役職がついてくる……と思う人が多いのではないでしょうか？

それは、大間違いなのです！

生まれながらに、社長の「うつわ」を持って生まれてくる人はいません。いろいろな失敗や苦悩の経験から「うつわ」ができてくるのです。

ですから、自分は成功者の「うつわ」を持ち合わせていないから……なんて思う必要はありません。そのときの立場に真剣に向き合っていれば、「うつわ」は自然と追いついてくるのです。

だから、今までやったことがないこと、今まで逃げてきたこと、苦手だと避けてきたことでも、機会があったら積極的にチャレンジしましょう。

それがあなたの「うつわ」を大きく成長させることになります。

その一歩一歩を繰り返して、「うつわ」を大きく変化させることができたら、あなたは、気づいたときには成功者の「うつわ」を手に入れているのです。

まずは、今、与えられた立場を真剣に取り組んでみてください！

視野を広くもとう

龍神様は、固定観念にとらわれることなく物事を見られる人や、常識に縛られず、自由な発想ができる人が好きです。

例えば、百円玉の形を思い浮かべてみてください。多くの人が丸や円と答えるのではないでしょうか。ところが、ある幼い男の子が母親に向かって言ったそうです。

「お母さん、百円玉って四角だよね……」

お母さんは、「この子はなにを言ってるの？　百円玉は丸でしょ！」と言いました。

でも思い出してみてください。自動販売機のコインの投入口は横から見ると丸ではなく、長方形なのです。男の子の言うとおり、百円玉を横から見たらまさに四角なのです。私たちがいかに世の中の一面的なものの見方をしているかに気づかされます。

年齢を重ねれば重ねるほど、常識や固定観念に縛られ、柔軟な発想で素直にものを見たり感じたりすることができなくなっているのです。あなたは人のアドバイスを素直に受け入れられなくなってはいませんか。日本の常識は世界の非常識とも言われています。

常識、平均、基準……といったものに惑わされずにものを見る。視点を変え、うつわを整えていくと、情報をキャッチするアンテナの精度が上がり、ここぞという機会にチャンスをつかむことができるのです。

「うつわ」を整える

龍神様のお力を借りて、「うつわ」を大きくするには素直さが大切です。

素直というのは言い換えると、新しい情報や助言を受け取り、古い常識を捨てる準備ができているということだと私は考えています。

「うつわ」をコップに例えてみると、コップに水を注ぐと水を入れることはできますよね。

素直の反対は意固地です。テーブルの上に伏せられたコップのように意固地になっていると、せっかくの龍神様からのサインやエネルギーを受け取ることができません。ですからまず、「うつわ」を整え、柔軟な、素直な心でとらえることが大切です。

さらに成功を手にしようとするなら、整えた「うつわ」を広げていくことです。小さなコップにどれだけ水を注いでも、コップの大きさを超えた分は溢れ出ていってしまうように、自分の「うつわ」が小さなままでは、龍神様がどれだけエネルギーを注いでくれても受け取れずにこぼれてしまいます。

素直な「うつわ」が整っていなければ、龍神様のサインや存在をも感じることができません。

龍神様からのサインに限らず、世の中に溢れている情報を素直に受け取ることで、「うつわ」は徐々に大きくなり、より多くの幸せを受け取れるようになれるのです。

龍神様と「潜在意識」のつながり

ここで潜在意識について考えてみます。

世の中には自分の思ったように生きられる人と、思ったとおりに生きられない人がいます。その違いは潜在意識の法則に従って生きているかどうかです。

潜在意識とは人が無意識に感じたり考えたりしていることをいいます。人間が自分を守るための本能です。

潜在意識はそもそも無意識なので、意識的にコントロールできません。知識を身につけたりイメージしたりすることでコントロールできるようになっていきます。

潜在意識は自分自身を守ろうとするので、その判断基準は社会的な良い・悪いではありません。現状維持を目指します。私はこれを「現状維持メカニズム」と呼んでいます。

人は変わりたいと思えば、その瞬間から変われるはずです。しかし、人が変わろうとすると、現状維持メカニズムが機能してブレーキを掛けようとします。

例えば、ダイエットをしようと決意してジムに通い始めたとします。最初は目新しいことも多いし、お金も払っているので一生懸命通います。しかし、1カ月が経って目立った成果がなければ、どうしてこんなにつらい思いをしなきゃいけないのだろうとか、こんなに頑張っているのに全然痩せなくて時間とお金の無駄だといった考えが浮かんでくるようになります。そうこうしているうちに徐々にジムから足が遠のき、やがてやめてしまうのです。

そうやって挫折すると、「自分はなんて意志が弱いのだろう……」とガッカリしてしまいます。でも、これは現状維持のメカニズムが働いた結果に過ぎないのです。潜在意識はあなたを守るために現状維持をしようとして、あなたのもともとの体重をキープさせようとします。その力が働いている限りダイエットは成功しません。

この現状維持メカニズムを外すことができれば、成功にも龍神様にも近づくことができるのです。

潜在意識の背中を押し続ける

潜在意識が厄介なのは、常に背中を押してあげないと後ずさりしてしまうことです。どんなに成功イメージを鮮やかに思い浮かべても、それは一回だけ潜在意識の背中を押しただけに過ぎないのです。龍神様に語りかけて力を借りながら、何度も背中を押し続ける必要があります。

人間の潜在意識には次のような特徴があります。

◎時間の概念がない

潜在意識には時間という概念がありません。それを体感するために、簡単な実験をしてみましょう。

あなたがこれまでに経験した嫌な出来事を思い出してみてください。できれば、落ちつける場所で1分くらい目を閉じて、できるだけ鮮明に嫌な出来事を思い出してみてください。

どうですか？　イメージできましたか？　たぶん、とっても不愉快な気持ちになっているんじゃないでしょうか。

それでは次に、あなたの夢が叶った人生を想像してみます。先ほどと同じように1分くらい、最高に幸せな自分をイメージしてみてください。

イメージしていると、だんだん楽しい気持ちになっているのではないかと思います。

今、実際に体験してもらったように、はるか昔に過ぎ去った過去の嫌なことに対しても、まだ起こってもいない未来の幸せなことに対しても、イメージすると感情が生まれます。

つまり、潜在意識には「過去」・「未来」という概念がなく、「今」しかないということなのです。

◎否定語を認識しない

潜在意識は否定語を認識することができないのです。

例えば、金色の龍をイメージします。龍のなかでも金龍は人の役に立つのが好きで、芸能人やアーティストなどの気質がある人を好むそうです。

今度は、黒色の龍をイメージしないでください。黒龍は覚醒と現実創造の龍です。その人が隠している能力を表に出してくれるといわれます。

いずれにせよどちらも素敵な龍なのでイメージすることにはまったく問題ありませんが強調したいのは「潜在意識は『イメージしない』などの否定語が通用しない」のです。

例えば、人前で講義や発表をする前など、緊張しない、緊張しないと自分に言い聞かせても潜在意識は否定語を認識しないので「緊張」という言葉だけ受け取ってしまいます。緊張しないと自分に言い聞かせることで、より緊張するようになってしまうのです。

これは潜在意識をコントロールするときに重要なポイントです。なにかをイメージしたり自分に言い聞かせたりするときには、否定語を使わずに表現する必要があります。「緊張しない」ではなく「リラックスする」と言い聞かせるということです。

◎他人も自分も関係ない

潜在意識は自分と他人の区別もありません。他人から「足の小指を机の脚にぶつけて涙が出るほど痛かった」と言われると、なんだか聞いている自分の足の小指まで痛いような気がしてくることがあります。

なぜそんなことが起きるのかというと、潜在意識は他人と自分との区別がつかないからです。潜在意識にとっては誰がするのかより、なにをするのかが大事なのです。

例えば、スポーツの試合に出場して、絶対に負けたくない選手がいたとします。そのライバルに対して、緊張してミスをすればいいのになどと思っていると、自分のほうが緊張してミスをしてしまうものです。

なので、妬みの感情を抱くとそれは自分自身に返ってきてしまうのです。自慢話をされたときに妬むのもよくありません。誰かの自慢話を聞いて、あの人ばかりずるいと悪口を言い、不幸になればいいのに、などと言ってしまうと、それが自分自身の潜在意識に働きかけて自ら不幸を招くことになってしまうのです。

ことわざで「人を呪《のろ》わば、穴二つ」とはよくいったもので、他人の不幸を願うと結局は自分に降りかかってくるのです。

龍神様は楽しいことが大好きな一方で、ひがみや妬みを嫌います。自分と周りの人とを比べ、恨んだり妬んだりしている人からは遠ざかって行ってしまいます。

このように潜在意識の法則を知っていると、潜在意識とどのように付き合っていけばよいかが分かります。正しいやり方で潜在意識の背中を何度も押すことで、自分のうつわを広げられ、やがて自分の思いどおりに生きることができ、潜在意識を理解することによって龍神様と早くつながることができるのです。

いいと思ったら素直に真似してみる

職人の世界で先輩の仕事を見て、技を盗めとよくいわれますが、職人技に限らず、ほかの人がやっている良い取り組みは素直に取り入れていくべきです。

「パクる」というと悪いことに思われるかもしれませんが、忠実に真似をするのは人が新しいことを学ぶときの第一歩です。学ぶの語源も真似をする意味の「真似《まね》ぶ」からきているといわれています。

素直に人の真似をするのは成功への近道です。なんだかうまくいかないなと思うような時にはほかのうまくいっている人の良いところを真似して、徹底的にパクるのです。そして、自分仕様に再配置してください。パクるという言葉に気が引けるなら、「TTP」と言い換えるとよいです。「徹（T）底（T）的にパクる（P）」、略して「TTP」です。

例えば、調理の仕事をしていて、料理の手際が良く、味つけや盛りつけも評判が良い同期のシェフBさんがいるとします。Bさんの仕事ぶりに関してオーナーや一緒に働くスタッフが高く評価しているのであれば、Bさんに仕事の進め方を相談したり、真似してみます。Bさんの下準備が誰よりも早いのであれば、野菜の皮の剥き方や魚のさばき方など誰もが行う作業のどこかにコツがあるのかもしれません。また盛りつけのセンスがずば抜けているのであれば、料理だけでなく、絵画や写真など別の芸術作品から思いついているのかもしれません。秀でた才能がある人は、自分なりのプラスαの工夫アイデアをしていることが多いのです。もし、実際にやってみたのに同じようにできないのであれば、真似しきれていない要素がなにかあるはずです。自分の取り組みを分析し改善していけば新たな発見があり、試行錯誤のうちに実力がつき、結果を出せるようになります。

成功している人は仕事が軌道に乗る前から、必ずといっていいほどTTPをしています。

真似をすることに抵抗があったり、自分のスタイルを貫きたいとこだわりがあっても、なにかを新しく始めるときには、自分のこだわりはいったん置いておいて、目標とする人を素直に真似をすることから始めてください。

そうやってTTPをしたら、自分に合う再配置が大切です。Bさんの成功体験を自分の環境に合わせ取り入れることが成功への近道です。

アイデアをゼロから考えていくのに比べ、ＴＴＰして再配置するのが成果を出しやすいのです。歴史をさかのぼれば、日本人はこのやり方で発展してきた過去があります。ＴＴＰするときは、まず素直に徹底的に真似をしてみてください。

たらいの法則

龍神様は思いやりに溢れた人に愛情を注ぎます。思いやりの心をもち、感謝を忘れず、人に与えられる人は龍神様に愛されて成功をつかむことができます。このメカニズムを表したものに、パナソニックホールディングスの創業者である松下幸之助氏の提唱する「たらいの法則」があります。「たらいの法則」は引き寄せの法則とかブーメランの法則などともいわれます。

まずは、大きなたらいに水がたっぷり入れてある様子をイメージしてみてください。たらいの水を手前から向こうへ両手で押し出すと、水はたらいの向こう側に当たり、たらいの縁を流れながら押し出した自分のほうに戻ってきます。

今度は逆にたらいの向こう側から手前に水を両手で引き寄せてみると、水はたらいの手前に当たって、たらいの外側を流れながら向こう側へ流れていってしまいます。

このように、あなたが発したものは、巡り巡って自分に返ってくるのです。逆にあなたが引き寄せようとしたものは脇へすり抜けて逃げていってしまいます。与えようとすれば戻ってきて、引き寄せようとすると逃げていってしまうのです。

思いやりも同じです。人を思いやる心があれば自分も思いやってもらえます。逆に悪いことをすれば悪いことが返ってきます。これは、神様が罰として悪いことを起こしているのではありません。宇宙の法則として、やったことがただ返ってきただけなのです。悪意で誰かを陥れたり、傷つけたらそれはやがて自分に返ってきま

たらいの法則

外に押し出すと返ってくる

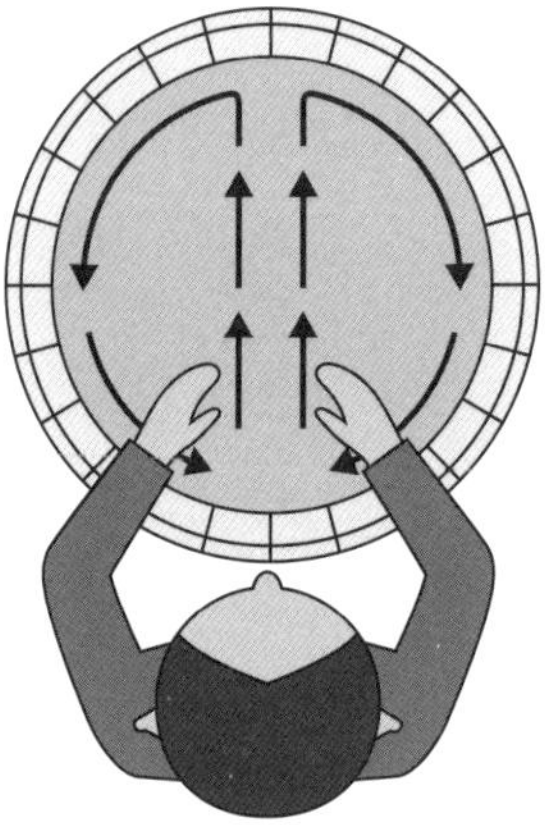

手前にかくと逃げていく

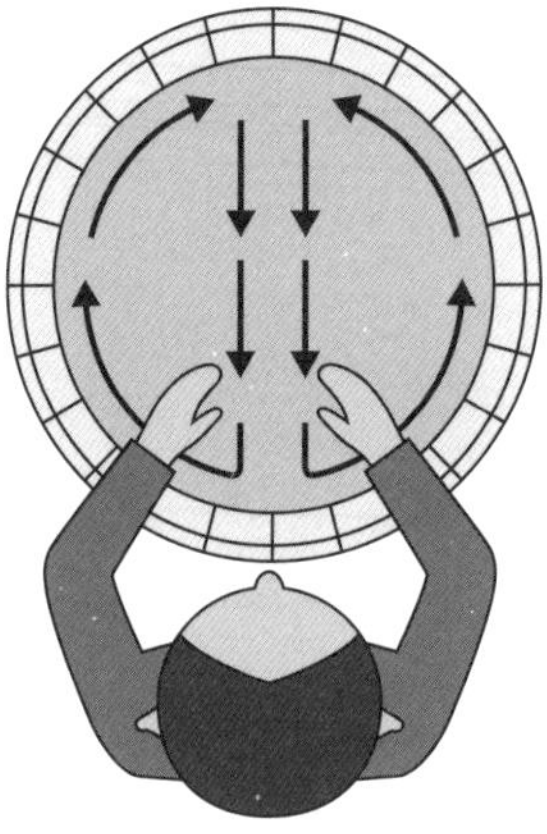

す。もちろん同じ形で、とは限りませんが、必ず清算されます。水が高いところから低いところに流れるように自然にそうなるのです。まいた種はいずれ自分が刈り取らねばならない、良い種も悪い種もまいた人が刈りとるようになるのです。

与えれば戻ってきて、引いたら逃げる。これが宇宙の法則なのです。

欲しい！　欲しい！　と思えば逃げていき、あげる！　あげる！　と思えば返ってくる。

病気やお金もそうなのです。「お金が欲しい！　欲しい！」と思えば思うほどお金は逃げていき、逆に誰かのために使うことを惜しまなかったり、自分のための投資をしたりしていると、巡り巡って自分の元へ返ってきます。欲しいと思えば入らず、誰かのために使おうと思えば入ってくるのです！

人に感謝する心がある人は、やがて自分が感謝され、愚痴や不満ばかり言っている人は、やがて自分が病気になったり、不満を言われるようになったりするのです。他人はまさに自分を映し出す鏡で、自分も他人もたらいの法則のなかで生きているのです。

みんなを幸せにする

人が買いものやサービスを受けるときに気にするのは、自分にとって得なのか損なのかということです。誰だって変な商品やサービスにだまされたくないと考えるのが普通ですし、できることなら得したいと考えるものです。

商品やサービスを提供する側が「あの人に商品を買ってもらおう」と考えていては、残念ですが成功は遠ざかります。そうではなくて、「あの人に得をしてもらおう。幸せになってもらおう」と考えるから良い結果につながるのです。

成功している会社は、客に商品以上のメリットを感じさせています。例えばスターバックスが人気になったのは、おいしいコーヒーを売ること以上に、「第3の場所」としての心地のよい空間づくりが顧客に受け入れられたからです。

顧客との関係は商品を売る・買うだけの関係ではなく、幸せを共有する仲間づくりだと私は考えています。

『てんびんの詩』という映画があります。1988年にイエローハットの創業者である鍵山秀三郎氏の資金援助を得てつくられた映画で、今でも企業研修で使われています。イエローハットは年商1480億円（2022年3月期）を超える企業で、その創業者が「私財を投じてでも伝えたい！」と思って制作した映画ですが、私自身は100回以上観ていて、観るときによって感じるところが違い、とても気づきの多い映画です。

「商いは人間業である」というビジネスの本質をつかむことのできる名作です。興味がある人は、ぜひ実際に映画を見てみてください。

もしあなたが、給料を増やしたいと考えるならまず人の幸せを考えてみましょう。人を幸せにして喜ばせることは、龍神様の食料であるワクワクした魂を増やすことにつながります。時間もお金も人のために使う人が龍神様に好かれ、お金持ちは、お金がまだなかった頃から、誰かを喜ばせるお金の使い方をしてきました。だからお金持ちになったのです。

ただし、誰でもいいわけではなく、優先順位があり、人には最も大切にしなければならない人がいます。まず育ててくれた親、愛する家族、身近な人や最近親しくなった友人など自分にごく近い存在、つまり最も自分を助けてくれる存在であり、守るべき存在です。まずは自分の足元を固め、優先順位をつけることです。身近な人も幸せにできない人が、遠くの人を幸せにできるはずがありません。

直接顧客と接するような商売をしている人もオフィスの中で働く人も、ビジネスの本質は同じです。お客さんはもちろん、周りの同僚や上司、社長の幸せはなにかと考えてみることが大切です。

人が自分の損得に興味をもつのは当然ですが、一方で他人の損得にはそれほど関心がありません。だからこそ、目先の感情や損得ばかりにとらわれるのではなく、誰かを幸せにすることで自分も幸せになれるということを知っておいてください。目の前の人を幸せにすることから始め、さらに遠くの人を幸せにできるようになれば、あなた自身の幸せもさらに大きくなってきます。そして、龍神様も幸せを与えようと行動している人をはりきって応援してくれるのです。

当たり前のことを当たり前にする、すごい人にならなくても大丈夫

どうしたら成功し、お金持ちになれるのか？　まず成功しない人は、「ナンバーワ

ンにならなくては」という間違った思い込みがあります。

ナンバーワンを目指すのは良いことですが、別に必ずしもそうなる必要はありません。なぜなら人と自分を比較し、ほかの人よりも少しでも劣っていたら選ばれない、などと考える必要はまったくないからです。

例えば商品の販売でも、ライバルより知識が浅くても、同業者より経験が浅くても、顧客が満足して買ってくれるのであればそれでよいのです。ナンバーワンにならなくても、ビジネスでは凡事徹底することで成功できるのです。


同じように、成功しない人の思い込みで、「すごい人にならなくてはいけない」と言う人がいます。名門大学を卒業して一流企業に勤めるとか、たくさんの資格があるとか、知識も経験も豊富など、まるでスーパーマンのようであるべきだと思っている人がいますが、そうではなく、成功している人はみんな普通の人なのです。そんな頑張る普通の人を龍神様はそっと見守ってくれているのです。

成果を出して、うまくいく人は、自分は普通の人間だと認識しています。逆に成果の出ない人は「自分はすごいんだ」などと過信し自分の力を過大評価しています。目指すべきなのはスーパーマンではなくて、凡人であっても成果が出るように凡事徹底し、工夫アイデアすることです。自分を再認識して、ありのままの自分を前提にして計画を立てることが大切なのです。

どんなにすばらしい成功者も、最初は普通の人だったのです。

龍神様は諦めない人が好き

何度も失敗が続いていくうちに、目標をもち続ける意欲さえも失ってしまうことがあります。

いつになったらこの暗闇から抜け出せるのか分からないと思うと、不安が増大していって、大切にしてきた夢を諦めようかと迷ってしまいがちです。

しかし、どんな暗いトンネルにも、出口はあります。

うまくいかないときも、不安な気持ちに負けないことです。調子の悪いときは誰にでもあります。明けない夜はない、と諦めずに前に進み続けることが重要です。


こんな実話があります。

日清食品の創業者である安藤百福氏は、終戦直後に無実の罪で逮捕されたり、事業に失敗したりして47歳のときにはほとんど無一文になっていました。

それでも工夫とアイデアの心を忘れず、独自の商品開発に打ち込んで売り出したチキンラーメンを大ヒットさせ、ようやく事業は軌道に乗りました。さらにその後、1970年代にはカップヌードルを生み出し、いまや世界中でさまざまな種類が売り出されて愛されています。

また、ケンタッキー・フライド・チキンで知られるＫＦＣコーポレーション創業者のカーネル・サンダースも、30代でガソリンスタンド経営を始めて以降、何度も何度も事業に失敗した末に素材にこだわったフライドチキンが人気を集めた途端、店の近くに高速道路ができたために車の流れが変わって客が来なくなり、65歳で店を手放し、破産状態になりました。しかし、そこで人気メニューのフライドチキンのレシピを教える代わりに売上の一部を受け取るフランチャイズビジネスを思いつきました。65歳から全米を車で駆け回って営業をかけたものの、合計1009回も断られたといいます。それでも諦めることなく地道に売り込みをした結果、8年後の73歳でチェーン店は600店舗を越え、いまや世界中に店舗が広がっています。

失敗してもくじけず、諦めずやり続けた人には必ず龍神様がこたえてくれるのです。

コミュニケーションが運気上昇のカギ

人生の大半は人との付き合い方で決まります。特に仕事運をばかにしてはいけません。周りとのコミュニケーションがうまい人は、運がぐんぐん上がります。

人付き合いが苦手でも、まずは大事だなと思える人には自ら接して話し掛けてみましょう。機会を合わせて、一度食事をしたり、お酒を一緒に飲みにいったりしてもいいと思います。そうしたことで仕事運は上がっていくのです。

以前、飲みニケーションという言葉がはやったことがありました。ところが、今は自分の仕事さえこなせればそれでいいという人も増えています。直近では新型コロナウイルスの感染拡大で、人との接触機会が減り、ますますその傾向は強まっているように思います。すぐ近くにいてもちょっとしたことでも声をかけず、SNSやメールで伝達したりしています。

しかし、こんな状態では、個人としては成り立っても、全体として大きく発展することはありません。人ときちんとした人間関係を築いて付き合わないと、人脈は生まれず、期待できるような成果も上がりません。それでは給料が上がらないのは当然です。

コミュニケーションは生きていくうえでの潤滑油で、飲みニケーションや人との会話を積極的に実践する人ほど、必ず成功するのです。ですから、飲み会や宴会があったら、まず参加してみてください。そうするうちに、きっと道が開けてくるはずです。自分で飲み会やＢＢＱなどのイベントを企画するのもとても良いです。

時間はその人の命であり、その大切な命を他人のために差し出して使うことでしか得られない龍神様の恩恵を受けられます。他人のために時間を使おうという人を龍神様は好みます。逆に自分のためにしか時間を使わない人から離れていくのです。

ですから、すぐに直接利益にならなくても、他人を喜ばせるために時間を使うのはとても良いことです。

仕事運とか金運とか、すべてのことは人との付き合いなくして成功はありません。

知らず知らずにみんな誰かに助けられているものです。苦手でも人と話をしてみれば、誰でも運気は必ず上がってくるのです。

第4章

龍神様の背に乗ってワクワクして
今日を生きる

「風の時代」を自由に生きていくために

2020年12月に「風の時代」に突入する以前、世界は「土の時代」でした。土の時代には多くの人がお金や物、地位といった「目に見える形で豊かになること」を目指していました。これに対し、「風の時代」には自由、平等、情報、精神性などの目に見えない「もの」の価値が高まっていくとされています。これからは風のように軽やかに生きていくことが求められる時代が来たのです。

私自身も、ここ数年で大きな時代の流れの変化を感じています。かつては学歴や肩書きがあれば安定した生活が約束されていました。しかし、今は大手の会社であってもリストラされることもあるし、会社自体が倒産することだってあります。会社の経営者や個人事業主の人ならなおさら安定とは無縁です。実力がなければどんどん淘汰されてしまいます。

流行の移り変わる間隔も短いので、一度成功を手にしたとしても長く続けていくのが大変な時代でもあります。そして、成功する人と成功できない人との格差はどんどん広がっていきます。

そんな世の中で生き残っていく方法はただ一つ、会社も個人も自ら変化し続けることです。イギリスの生物学者チャールズ・ロバート・ダーウィンは、著書である『種の起源』のなかでこんな言葉を残しています。

「最も強いものが生き残るのではなく、最も賢いものが生き延びるのでもない。唯一生き残ることができるのは、変化できるものである」

これからの時代に活躍できる人は、変化の流れのなかで揺るぎない軸をもちつつ、行動を柔軟に変化させることができる人です。

自分が本当に必要だと思ったときにためらわずに変わることができるかが、これからの時代を生き抜いていけるかの分かれ道になります。個の力が求められるなかで、

「自分力」を備えた人が真価を発揮することができる時代が来たのです！

成功は最後の失敗のあとに訪れる

変化し成長し続けることが不可欠となるなかで、失敗ということに対する考え方を見直す必要があります。

失敗という言葉から湧いてくる感情は、失敗したときの苦しい感情や失敗を振り返ったときの後悔などがあります。

私は、失敗こそ自分が成長するためのエネルギーだと考えています。しかし、日本には、失敗したくないと考える人が多いと感じます。

日本人の多くは、幼い頃から「危ないよ」「慎重にね」「人に迷惑を掛けないように」といった言葉を家庭でも学校でも繰り返し言い聞かされて育っています。そうやってずっと、失敗はよくないものというメッセージを刷り込まれているので、目の前にチャンスがあっても、「もう歳だから」とか、「やったことがないから」などとなにかと理由をつけて挑戦から逃げてしまいます。

出る杭《くい》は打たれるということわざのとおり、大きな成功はしなくてもよいから、ほどほどの成果を上げ、そこそこの生活ができればよいと考えがちです。周りから浮かないようにという意識が強く働くことで、思い切った挑戦に尻込みしてしまう傾向もあります。これではせっかくの新たなアイデアも形にならないまま消えてしまい、世界に通用する商品やサービスはなかなか生まれてきません。

しかし、海外ではどうでしょう。例えばアメリカでは積極的にチャレンジした結果、失敗することに寛容な風土があるため、思い切った挑戦ができ、これまでに世界中で愛されるような商品やサービスが数多く生まれてきました。

発明王と呼ばれたトーマス・エジソンの言葉に「成功の反対は失敗ではなく、挑戦しないことである」というのがあります。

挑戦しないでいれば、なにごとも成功はできません。


さらに、エジソンはこうも言っています。

「失敗すればするほど、我々は成功に近づいている」

「私は失敗したのではない。うまくいかない1万通りの方法を発見したのだ」


電灯の発明を思いついたエジソンは失敗を繰り返しながら、電球の中心部のフィラメントの素材になりそうな品を世界中からかき集めました。そうして実験を繰り返した結果、なんと、日本の京都府八幡市にある石清水八幡宮近くのやぶで産出された竹にたどりつき、ようやくフィラメントは鮮やかな光を放ったのです。この間に繰り返し失敗した実験は実に2万回にも及んだそうです。

でも、自分の人生を本当に変えようと思ったら、もっと失敗してもいいくらいです。

私もかつて営業の仕事をしていたときに、なかなかアポイントが取れずに悩んでいました。声をかけては断られ、とても笑えない日々でした。そんな失敗続きのなか、10人に声をかければそのうち2~3人は興味をもってくれ、さらにその中の1~2人は会ってくれることにふと気づきました。この経験から、なにかに挑戦すると9割は失敗するもの、その経験が積み重なったときにいずれ成功がやってくることを知りました。9割失敗してもいい、むしろ失敗するほど成功が近づくことを身をもって理解しました。

またエジソンの精神は今も受け継がれていて、アメリカのIT産業を支えるシリコンバレーでは、常に新しい発想やアイデア、ビジネスモデルが試され続けており、失敗は成功のために欠かせない経験として、むしろ高く評価されています。

今の時代でも、世の中を席巻したアップルの創業者であるスティーブ・ジョブズもこういう環境と考え方があったからこそ、世界に通用するまったく新しい製品を生み出すことができたのだと思います。

全力でチャレンジして失敗した人こそが、なにごとにも代えがたい経験をした人だとみなされるのです。失敗さえも勲章なのです。

失敗という経験は、失敗した人に新たな学びや知識を与えてくれます。

失敗してしまうと、どうしてもほかの人の目が気になって恥ずかしいと思いがちです。しかし、そういう場合、たいてい周囲の人は自分が気にしているほど失敗を気にしていません。噂などもそうです。そういうときは、その恥ずかしさを自分に落とし込んで、次こそは絶対に失敗しないぞと心に刻み込むことが大切です。

恥ずかしいという思いを刻み込むことが次の成功率を高めてくれます。

失敗を恐れず、失敗は勲章だとポジティブに挑戦し続ける人を龍神様が応援してくれるのです。

私は仲間に「失敗してもいいから、やってみよう」と挑戦を促しています。積極的なチャレンジをする人は龍神様の応援を得てめきめきと実力をつけ、成功を収めています。

ただし、同じ失敗は何度も繰り返さないでください。

あなたは誰とつるんでいますか

あなたの周りに運のいい人、成功している人がいたら、そうした人にぜひ積極的に近づいて行って、可能な限りその人との時間を共有してみてください。あなたが誰とつるむのかによってあなたの人生が決まるといっても過言ではありません。

運のいい人、成功している人との時間を共有することで、生き方や、考え方、発言などを自分のなかに取り込んで、あなた自身も活性化されていくのです。

「水が合わない」という言葉があるように、綺麗な水には濁った水を好む魚は住めませんし、逆に濁った水には清流に住む魚は住めないのです。

あなたが自分力を高めようと努力していれば、水を司る龍神様がその時のあなたに必要な人を引き寄せてくれます。

成長している人は、どんどん高いレベルの人と出会い、低いレベルの人との付き合いはなくなっていきます。運のいい人の周りには、運のいい人が集まり、その人たちの輪のなかに入ると、やがて自分にもツキが巡ってくるようになります。

そのためには、これまでの自分の安全パイの仲間の輪から飛び出していくことが必要です。

成功者になりたければ成功者が集まるところに行くと、成功への道が開けるのです。

いるべき場所を見極めよう

自分の目標のために、新たな人間関係を築くには勇気もいるし、リスクもあります。

さらにいえば、ほかの「もの」の力を借りることなしに、大きな成功を収めることは難しいのです。

運のいい人（成功者）とつるむときに意識したいのは、次の3点です。

・運のいい人のチャンネル（周波数）に合わせる
・運のいい人はどんなビジョン（視点）をもっているのか
・運のいい人は何が重要なのか

最初は居心地が悪く、苦痛です。分からないから。

でも、これらのポイントを明確に意識して、先を見通して行動を選択していけば、あなたがいるべきタイミングやいるべき場所を間違えることはありません。

成功するためには自分力が不可欠ですが、ある地点まで来ると自分力とほかの「もの」の力が必要になります。運のいい人や成功している人は、それを味方にして、大きな成果を得ているのです。

幸せなお金持ちに会いに行こう

「お金持ち」は風邪のようにうつります。信じられないかもしれませんが、これには根拠があります。

人は誰かがあることを成し遂げた様子を見ると、自分もできるようになるという不思議な力があります。例えば、陸上男子100メートル走でそれまで誰も達成できなかった9秒台の記録を出す選手が現れたとたん、ほかの選手も9秒台を出すようになったり、男子マラソンで2時間5分台の日本記録が生まれた翌年には2時間4分台で走るランナーが現れたりしています。

それまでは「9秒台は難しい」「2時間5分台の記録は難しい」というメンタルブロックが機能していたのです。しかし、新記録が生まれたことにより、同じ競技で活躍する選手の心の深い部分に変化が生じ、「自分もできるかもしれない」とメンタルブロックが外れたのです。

これと同じことが、お金持ちとの出会いにもいえます。お金を持っていない人は心の奥底で「お金持ちにはなってはいけない」「お金持ちにはなれない」というメンタルブロックをかけています。それが、お金持ちと知り合いになると、「自分もお金持ちになっていいんだ」という考え方に変わるのです。これがお金持ちは感染するという意味です。

お金持ちのなかにも意地悪だったり、人をばかにするような「自称・お金持ち」も存在しますが、本物の幸せなお金持ちを見抜けるよう、人を見る目も養いましょう。人と会うだけでお金持ちになれるのですから、人生は素敵でおもしろいのです。

ちなみに私の研修でもこれに似たワーク体験ができます。ぜひ参加してみてください。

たった72時間(3日間)で人生は好転する

72時間の法則というのをあなたは知っていますか?

龍神様は、人が夢を叶えるために本気でやろうと思ったことは応援してくれます。しかし、もしもその人がなかなか動かなければ、龍神様はいつまでも待ってくれず、しびれを切らして去っていってしまいます。言わばチャンスの賞味期限の時間は72時間が限度だと言われていて、72時間の法則と呼ばれています。

思い立ったらすぐに行動を、といわれる「すぐ」とは72時間以内に、ということを忘れないでください。つまり、72時間以内になんらかの行動に移せば、人生は好転していくということなのです。

迷ったらやらない人が世の中には多いです。しかし、大事なのは、なんでもとりあえずやってみるということです。成功する人はとりあえずやってみる、という行動力があります。行動を起こせば、起こした人の意思が周囲にも伝わり、早く行動を起こす人は周囲からもなにを考えているのか分かりやすく、信頼できるし、龍神様にも好かれやすいのです。

人は、やりたいことを我慢すると一番ストレスを感じるものです。ストレスを感じると龍神様の大好きなワクワクした胸の鼓動もなくなってしまいます。しかし、自らがやりたいことを率直に行動に移していればストレスもなくなっていき、周囲からも好かれ、行動した分だけ経験も積み上がるのです。

やろうと思っているけどやらない。やりたいけどできない。そういった壁を取り払って、とりあえずやってみようと行動に移してみてください。

どんな小さなことでもかまいません。とにかくまずは始めてみるのが一番いいのです。

旅行に行きたいと思ったら「お金が貯まってから」ではなく、とりあえずプランを練ってみる。資格を取りたいと思ったら「どうせ自分には無理」ではなく、とりあえずどんな資格があるのかを調べて勉強してみる。

たったそれだけの行動から人生は大きく変わり出すのです。
やらない手はないはずです！

昔の武将は知っていた「72時間の法則」

戦国武将で独眼竜政宗と呼ばれた初代仙台藩主、伊達政宗の言葉に「時を移さず行うのが勇将の本望である。早く出立せよ」があります。政宗も物事を後回しにせず、72時間の法則のように思いついた瞬間に行動するのが一番いいのだと分かっていたのです。

そういえば、独眼竜とは一つ目の龍の意味です。政宗がまさに龍神様にゆかりのある武将であることを示しているのです。

余談ですが、伊達家の祖先は私の地元でもある芳賀郡中村（現・栃木県真岡市）を領する中村家の一族で、源頼朝の奥州藤原氏征伐の際に上げた戦功から与えられ、陸《む》奥国《つのくに》伊達郡《だてぐん》の地頭として伊達を名乗ったことに始まっています。

幸運なときほど謙虚に感謝

なにかいいことがあったとき、人は幸せな気持ちになります。また、さらにいいことがあったらいいな、と未来に明るい希望を抱きます。こうしてポジティブに日々を過ごすことが理想ですが、なんだか調子がいいなと自分でも思えるときこそ、実は注意が必要なのです。なぜなら、運気がアップしているように自分でも感じるときこそ、気が大きくなり気持ちが緩みがちになるからです。

幸運だなと思うときこそ、自分とかかわっている人たちに改めて感謝し、謙虚な気持ちで過ごすことを心がけてください。気持ちを落ちつけ、地に足のついた生活を送ることで、また新たな幸運が訪れるという好循環が生まれます。

それは日々の暮らしだけでなく、仕事でも同様です。例えば、これまで目立った成績を残せなかった営業職のサラリーマンが立て続けに案件を受注し、トップクラスの営業成績を残したとします。好成績の一因はサラリーマンが地道に努力を重ねた結果ですが、その努力を続けるには上司や部下のサポートがあり、提案を何度も聞いてくれるクライアントの存在があったからです。決して自分一人でなし得たわけではありません。もしここで、サラリーマンが大きな勘違いをし、すべて自分の実力でなし得たのだ、と過信してしまったら、仕事に対する自信はいつのまにか傲慢な態度になり、人を遠ざけるような冷たい雰囲気を醸《かも》し出してしまうかもしれません。一つずつ積み重ねてきた信頼や実績も、あっという間に崩れ落ちることになるでしょう。

こうした驕《おご》りこそ、幸運を遠ざけ、一度調子に乗ってしまうと、自分のもとから幸運が去ってしまうことすら想像できないはずです。浮かれて周囲が見えなくなってからでは、幸運のありがたみもなかなか感じることができなくなり、そして、人も去っていくのです。

「実るほど　こうべをたれる　稲穂かな」という言葉にもあるように幸運なときこそ謙虚にいることが、幸運を引き寄せ、さらに強運をもたらしてくれるのです。

チャレンジし、守りながら変わろう

私の家には代々受け継いできたしきたりがたくさんあり、正直なところ大変だなと思うこともありました。そんな私に、ある政治家の言葉が強烈に響きました。

「守るためには変わらなくちゃいけないんだよ」

世の中には老舗と呼ばれる名店があります。老舗は時代に合わせ新たな挑戦を続けて柔軟に変化してきたからこそ、店の伝統を守ることができたのです。どんなに立派な伝統があっても、そのうえにあぐらをかいていては時代の変化に対応できずにいつの間にか消えていきます。

これは個人でも同じで、今のスキルに満足して自分を磨く努力をしなければ、それは現状維持であり、緩やかに衰退しているということなのです。守ろうとすることばかりにこだわって、結果的に本当に大切なものを失ってしまったら本末転倒です。守るためには変わる。その軽やかさは自由自在に形を変える、水を司る龍神様のあり方にも通じるものがあります。

最近、あなたはなにか新しいことにチャレンジしましたか？

運気が上がらない人は、新しいことを試したがらない傾向にあります。毎日来る日も来る日も同じことを繰り返しているだけでは、新しいことが起こる可能性が少ないのは当たり前です。

だから、一歩踏み出しなにか新しいことを始めてみると、人生は変わっていくのです。

例えば、自分には人との出会いがありません、という人の話を聞いてみれば、その人は基本的に自分の家にこもってばかりの生活を送っていることが多いのです。そんな人に新しい出会いがないのは当然のことで、出会いが欲しいなら、どこかのイベントに出向いて参加してみればいいし、少なくとも新しい人に何人かは会えるはずです。

日々決まった習慣、ルーティーンを繰り返していては新しいものは生まれてきません。自分の運気を上げていきたいのなら、ほんのささいなことでいいから、ルーティーンになにか新しい刺激を与えるようにしてみてください。

例えば、毎朝の会社に向かう通勤時間に、いつもの最寄り駅から一駅ぶんだけ歩いてみるとか、朝1時間ほど早く起床して、自宅の出発時間を8時半から7時半に早めてみるとか。

できるだけ残業をせず自宅に直帰する日を週に1日つくり、早く帰ってリラックスするのもいいでしょう。帰り道の道順も、少しだけ変えるだけでも通り沿いの店やオフィス、店先から聞こえてくる音楽など、すべての情報が違っているのに気づくはずです。それがあなたにちょっとした、新しい変化をもたらしてくれます。

どんなささいなことでもいいので、一つずつ始めてみてください。

日々の習慣を少しだけ変え、新しい刺激を、そうやって少しずつ加え続けていくと、そのうちにきっと新しい楽しみが見つかっていくでしょう。すると1年後くらいには、すっかり自分が新しく変わっていることに気づくと思います。

あなたが慣れ親しんできた世界の外には、たくさんのまだ見ぬ可能性が眠っています。幸運は、あなたがそんな小さな新しい刺激を求めることによって初めて、あなたのもとにやってきてくれます。大切なのは、日々、新しいことにチャレンジすることが、人生を大きく変えるきっかけになるのです。

実は龍神様はあなたのなかにいる

今までに何度も変わろうとしたけれど結局変われなかった、そんな過去があったとしても、この本を手に取り、読み始めたときにすでに成功への一歩を踏み出しています。

人はいつでも、今すぐにでも変われます。あなたにはすばらしいあなたらしさがあって、それを受け止められる素直な心も整ってきているはずです。

私はなにかにチャレンジするとき、自分に「できる！　できる！　できる！」と何度も言い聞かせます。それはスタッフに対してもそうですし、研修の講師として100人を超える参加者の前に立ったときでも同じです。できると言い聞かせることで、「自分には無理だ……」と無意識のうちに掛けていたブレーキが外れ、前に進めるようになります。

まずは凡事を徹底すること、そして自分を信じ、失敗を恐れず挑戦し、成功するまでやり続ける。そして感謝の気持ちを忘れないことです。

人は弱い生き物です。一人では生きていくことはできません。自分の内面の善と悪が戦って、誘惑に負けそうになることもあるかと思います。

そんなときには龍神様の存在が支えになります。あなたの最も身近にいて、あなたの成長を楽しみに応援してくれる存在です。

そう力強く応援してくれる龍神様の声は、心の奥底から湧き上がってくるあなた自身の声なのです。龍神様を信じることは、あなた自身を信じることです。実はあなた自身が龍神様なのです。自分を信じ、自分らしくあなたの人生を歩んで行っていただきたい、そう願います。

ここまでお読みいただきありがとうございました。皆さんの心の奥底深くに響くことができたのであれば幸いです。

【特別編】龍神様との出会い

実家にある龍神様の祠

龍神様の存在は幼い頃から身近にあった。

神社に行く途中で出会った光

参拝に行く途中で龍神様のメッセージを受け取った。

空に浮かび上がった龍の雲

伏見稲荷神社を参拝した際に空を見上げたら、光を口にくわえた龍の形をした雲がくっきり浮かび上がっていた。

神秘的な緑に染まる木々

木々の間から神秘的な光が差し、鮮やかな緑色の龍のウロコのようなものが映り込んでいた。

龍の力を授かるマリンパワーカード

龍神様からのインスピレーションを得て作ったマリンパワーカードは多くの人に喜ばれている。

全国からたくさんの体験談が届いている。

国内での貢献活動

新型コロナウイルスが拡大した際には栃木県の関係機関に８万枚ものマスクを寄付し、感染拡大防止に努めた。

創業時より環境問題の解決に取り組んできた。近年ではプラスチックごみなどの海洋汚染が問題になっており、2022年からは海中ごみの清掃やサンゴの再生の活動にも貢献している。

真岡市の学校への支援

2018年、本社の所在地である真岡市の小学生、中学生、高校生たちの教育に対しても精力的な支援や寄贈を行い、真岡市教育委員会、栃木県立真岡高校より感謝状を受ける。

栃木県知事からの表彰

2017年、2018年、地元での貢献活動を認められ栃木県知事から表彰を受ける。

カンボジア小学校建築プロジェクト(2022年)

2022年、社会貢献活動としてカンボジアに小学校を創設した。

カンボジア小学校建築プロジェクト

子どもたちに学ぶ機会を提供し、夢の実現をサポートしている。
さらに、給食や衛生教育を行い生活の質も向上した。

ベトナム小学校建築プロジェクト（2011年）

2011年に完成した校舎。目の前にグラウンドが広がり、子どもたちが遊ぶ姿が目に浮かぶ。3つの教室と教員室、トイレが完備され、教室内の机、イスも寄贈。

開校式ではノートやえんぴつなどを子どもたちにプレゼントした。

カンボジア井戸支援プロジェクト

カンボジアに井戸を建設する活動を支援。安全な水の提供で住民たちの健康状態も著しく向上した。

井戸ができたことで衛生環境が整い、野菜を作れるようになったことで暮らしに余裕が生まれた。

おわりに

「本当にこのままでは日本の未来がヤバい！……」

そんな危機感がこの本を書くきっかけになりました。海外と比較をすればするほど、日本には明るい未来がないと考えたとき、「自分力」と「ほかのものの力」とを両輪のようにうまく回していくことで飛躍できる人が一人でも多く増えてほしいという一心で書いてきました。龍神様の力は強力で、私が23年前になにもないところから立ち上げた会社は、今では海外に展開できるまでに成長しました。

振り返ってみると、私が今の会社を始めたとき、私の手のなかには何もありませんでした。お金も、経験も、人脈も、それどころか、人に裏切られ絶望のどん底にいたのです。

今の会社を設立するよりも前に、私が個人事業主として事業をスタートしたときのことです。休みなく働いてやっと事業が順調に回り出した頃、いきなり取引先の企業の裏切りに遭いました。その時点で600万円ほど事業に投資している状態で、これからやっと収益が出てくると思っていた矢先に突然取引先からの商品納入がなくなり、収入は途絶え、人脈も失い、仕事自体もなくなりました。

もう誰も信じられない……。3カ月間、放心状態が続きました。

3カ月間、なにも手につかない日々が続き、なにもない絶望のなかで希望の光となったのが、今の事業であるアミノ酸、水、菌、ゲノムに特化した化粧品・サプリメントの企画メーカーでした。

私がこのメーカーの会社を設立すると言ったとき、知り合いはみんな私を笑いました。

「会社を始めるの？　え、嘘でしょ」
「そんな事業は安定しないよ、続くわけがない」
「もう30代なんだからさ、現実を見なよ」

そうやって、ありとあらゆるできない理由を突きつけられました。しかし、あの時、会社を立ち上げる決断をしたおかげで、今があります。

最後にあなたに伝えたいのは、なりたいものになれるのは、なろうとした人だけ、ということです。人は信じることで未来を切り拓いていく生き物です。

この本を手に取ってくださった人には、金運がないと嘆いている人や、仕事がうまくいかなくて苦しんでいる人、人間関係に悩んでいる人もいるかと思います。でも、自分にとっては真っ暗闇のように見える中にこそ希望があるのです。希望の光は、真っ暗闇だからこそ見えてくるのです。

その希望の光は、どんなに周りの人たちから反対されたとしても、あなたが最初の一歩を踏み出すときの勇気となるのです。

本気の人は自分の人生を全力で生きています。本気であれば、人はなんにでも変われるのです。

もちろん、そんな変化は、数日、数カ月では目に見えないかもしれません。でも、1年後、3年後の未来には、あなたの人生が大きく変わっている可能性は無限に広がっているのです。

本気の人は言い訳をしない
本気の人は失敗することを恐れない

本気の人は捨てる勇気をもっている
本気の人は決して諦めない
本気の人はやり続けることができる

そんな本気の人を、龍神様は応援してくれるのです。
素直な心と思いやりの心をもち、笑顔を絶やさないあなたの側《そば》に龍神様はやさしく、そして力強く寄り添ってくれます。

もう一度言います。金運、仕事運、出会い運、恋愛運など、運気を上げて龍の背中に乗りたいと願うならこの言葉を何度も唱えてください。
「自分力龍如爆上®」

今、風の時代を軽やかに、常識という鎧をそろそろ脱いで——。さぁ、新しい未来に向かってあなたらしく素敵に、そして自由に！　あなたのなかにいる龍神様とともに未来を切り拓いていただきたい。これから新しいチャレンジに向かう皆さまの成功を心より願っています。

ありがとうございました。

２０２３年３月

原村　昌利

原村昌利（はらむら・まさとし）

1966年、栃木県生まれ。大手商社へ入社後、仕事に悩んでいたとき一人のメンターに出会う。栃木から月2回、関西のメンターのもとに通い、メンタルトレーニングの手法を会得。その後、「自分の可能性を拡げたい」との想いから会社を辞め、メンタルトレーニング講師として活動するとともに、2000年に健康・美容分野のオリジナル商品を開発する株式会社エコロ・インターナショナルを設立、代表取締役に就任。2001年に商品販売を開始。業績を伸ばす。出身地である栃木県真岡市に本社を置き、国内、海外へ災害の援助や教育支援、地元である栃木県内の学校や病院などにも寄付をするなど地域貢献活動にも取り組んでいる事業家。

本書についての
ご意見・ご感想はコチラ

金運、仕事運、対人運を上げる
あなたの龍神様に愛される生き方

2023年3月19日　第1刷発行

著　者　　原村昌利
発行人　　久保田貴幸

発行元　　株式会社 幻冬舎メディアコンサルティング
〒151-0051　東京都渋谷区千駄ヶ谷4-9-7
電話　03-5411-6440（編集）

発売元　　株式会社 幻冬舎
〒151-0051　東京都渋谷区千駄ヶ谷4-9-7
電話　03-5411-6222（営業）

印刷・製本　中央精版印刷株式会社
装　丁　　田口美希
装　画　　橋本沙和
検印廃止

ISBN 978-4-344-94147-2 C0011
幻冬舎メディアコンサルティングＨＰ
https://www.gentosha-mc.com/